ESENCIA
ERES PAZ, ERES DICHA

❀ ❀ ❀ ❀ ❀

Lili Namaste

www.esencialilinamaste.com

Título: ESENCIA Eres Paz, Eres Dicha
© 2019: Lili Namaste

Autoedición: Lili Namaste - esencialilinamaste@gmail.com
Diseño de cubierta y maquetación: Daniel González
- designsbydanielson@gmail.com

Primera edición: noviembre de 2019
San Carlos de Bariloche, Argentina
ISBN: 978-84-18098-55-0
Depósito Legal: TF-1024-2019

TESTIMONIOS

ERES PAZ, ERES DICHA

"Gracias infinitas Lili, por tu mensaje lleno de dicha y de paz que me llega hasta el corazón. Como bien nos lo explicas, aquí es donde suceden los milagros, en nuestro corazón, que está conectado a la Fuente de posibilidades infinitas. Me has ayudado a encontrar el equilibrio con los ejercicios que propones. Ahora que me conecto cada día con mi Ser y me alineo con la Fuente dejando que haga su parte, me siento más en paz y en armonía con todo lo que me rodea. Este es un libro lleno de mensajes que debería acompañarte en tu día a día si deseas vivir en armonía y en amor contigo mismo y con tu entorno. Te abrazo, y te agradezco Lili por tu gran aportación en esta vida".

María Torres Moros: Empresaria y escritora, Autora de la Trilogía "El Amor de tus Sueños"

"Y cuando crees que está todo dicho y ya es mucho lo que sabes, llega un luminoso Ser a desvelar lo infinito que es este grandioso Universo y a mostrarnos cuánta Magia nos queda por descubrir en este sagrado viaje.

Todos tenemos una pieza del gran rompecabezas y, con Amor y Humildad debemos responsabilizarnos para poner la pieza que nos corresponde en su lugar, así otros hermanos podrán también hacerlo, ya que el Universo nos aguarda a todos.

Esto siento al conectar con la sagrada trilogía de Lili que llega para ser esa pieza tan importante en mi vida: Inspiración y un gran ejemplo a seguir.

¡Gracias, gracias, gracias!"

Marian Samsara Bariloche: Terapeuta Holística

ERES PAZ, ERES DICHA

"A través de un lenguaje de paz que penetra en el centro de tu pecho, Lili se desliza con mucha suavidad hacia las fibras que se desgarraron dentro de tu corazón. Una vez allí, te ayuda a repararlas y volver a unirlas con un trazo dulce y agradable. Gracias Lili por tu preciosa obra y ponernos en contacto directo con la Verdad."

Rocío Rincón: Autora de la Trilogía "Cuando Aprendas

a Volar"

"En estas páginas tendrás la oportunidad de encontrarte y reconocerte en verdad, recorrer ese espacio del mundo interior fundamental para tener una vida verdadera. La autora te ayuda a tomar conciencia de lo que verdaderamente somos. Gracias Lili por acercarnos a nuestra Esencia".

Karina Tejada Ibañez: Autora de la Trilogía "MUJER BELLA con PROPÓSITO"

"Lili, con un mensaje muy claro y sutil, nos lleva, a través del momento Presente, por el camino de búsqueda hacia nuestra propia ESENCIA. Nos acompaña con Amor a encontrar, en el contacto con la Naturaleza, lo que hemos venido a Ser: Seres Eternos y Amorosos. ¡Gracias, Gracias, Gracias por esta Trilogía!"

Abraham Portocarrero Álvarez: Autor de la Trilogía: "En busca de tu ESENCIA"

"ESENCIA me ha cautivado y enamorado, ya que es un mágico Viaje hacia nuestro Ser Verdadero, a través del PRESENTE y de una conexión brutal con la Naturaleza de la cual todos somos parte. Esta trilogía ha sido escrita para el Despertar de la Consciencia por lo que la recomiendo ¡absolutamente a todos! ¡Gracias Lili por tu Obra!"

Marisol Marín Mendez: Autora de la Trilogía "Conquista tu Desafío"

Dedico este libro a los Amados Elfos…

A la Gran Hermandad…

Y a Ti y a Mí, que hemos decidido

CAMINAR JUNTOS…

ÍNDICE

Gracias a la Divina Fuente

Que nos provee

De ABSOLUTAMENTE TODO

I° PORTAL: DIVINIDAD

ERES PAZ, ERES DICHA

Querido Ser Esencial…

¡FELICIDADES!

Y Gracias por estar AQUÍ.

Hemos recorrido un largo Camino Juntos, y a partir de este Instante, iremos Desvelando las Premisas, que nos permitirán Ser el SER VERDADERO que REALMENTE SOMOS.

Este Libro, se transforma pues en un MANUAL.

Y como todo Manual, es bueno que lo consultes diariamente.

Todo se APREHENDE APLICÁNDOLO.

Y sabemos que cuánto más apliquemos, más CONECTAREMOS con esta VERDAD.

Te invito a hacer todos los Ejercicios que aquí propongo, como así también a contestarte las preguntas.

Porque es en esos Momentos que nos Regalamos a Nosotros Mismos, donde surge TODO NUESTRO POTENCIAL.

Y en este RESURGIR aflorará la Guía que nos conducirá por el Sendero que Hemos ELEGIDO.

Recuerda En Dónde te Sitúas.

De acuerdo a Ello, la REALIDAD cambia RADICALMEN-
TE.

Gracias INFINITAS por tu INMENSO APORTE a la HU-
MANIDAD.

Como así también a todos los REINOS y a todos los
ELEMENTOS…

Te espero en las próximas páginas.

NUEVAMENTE… ¡GRACIAS!

ALINEÁNDONOS

Si te parece, vamos a ponernos de pie, bien erguidos y, a la vez, confiados y relajados, emulando ser grandes árboles: rectos y anclados.

Colocamos nuestras manos en forma de plegaria (como el antiguo símbolo NAMASTE), con nuestros pulgares tocando levemente el timo, glándula que representa al AMOR INCONDICIONAL.

Respiramos profundamente, sintiendo conscientemente como el aire ingresa en nuestro cuerpo oxigenándolo y renovándolo, y exhalando AGRADECEMOS.

AGRADECEMOS por ser QUIENES SOMOS HOY.

AGRADECEMOS el Camino recorrido.

Y AGRADECEMOS por tener la VALENTÍA de "hacer el Espacio", para que maravillosas y magníficas Frecuencias comiencen a insuflar Vida a cada una de nuestras partículas.

Inhalamos, profundamente, sintiendo esa ALINEACIÓN sin "dolor", esa ALINEACIÓN CONFIADA.

Y exhalamos AGRADECIENDO la DICHA DE ESTAR VIVOS en este MEGA HOGAR tan pleno de BELLEZA, ARMONÍA, SINCRONÍAS y de AMOR.

Toma Consciencia de cómo, al exhalar agradeciendo, todo se ilumina.

Estamos exhalando nuestra "impronta", nuestra nota única, y ésta se expande, armoniza y bendice a TODO EL CONJUNTO… como si fuera música.

Dar para Recibir.

La Gran Fórmula Sagrada.

Al alinear nuestro Cuerpo Templo sincronizamos con nuestra Presencia y con el Ritmo de nuestra Respiración.

A su vez ingresamos en un Estado de Conexión Consciente con la Fuente y con nuestra Madre Tierra, naturalmente y en perfecto EQUILIBRIO.

Somos Cielo y Tierra, dentro de este Cuerpo.

Somos Corazón en ACCIÓN.

Y Es en el Corazón donde ocurre el MILAGRO.

Precisamente en el Timo, glándula Sagrada, que ya está despertando en muchísimos Seres de todos los Reinos.

Recuerda que la Voluntad de esta Fuente Inconmensurable de Luz, de Amor y de Abundancia, **es la DICHA y la PAZ.**

De esta manera, la frase: "Que se haga Tu Voluntad"

ES:" ¡Que la Dicha y la Paz sean en Mí!"

Más profundo aún es DECLARAR:

Me ALINEO a Tu Voluntad.

La DICHA y la PAZ COMANDAN mi VIDA.

Me ENTREGO y CONFÍO PLENAMENTE, contribuyendo AMOROSAMENTE para el ¡BIEN MAYOR de TODOS!

¡Gracias, Gracias, Gracias!

Sabemos además lo importante de la INTERNALIZACIÓN.

¿Cómo lo conseguimos?

Entrando en estos estados UNA y OTRA VEZ.

Siendo <u>PLENAMENTE CONSCIENTES</u> de cada palabra VERBALIZADA.

<u>Y además ACOMPAÑAR CON EL SENTIR</u>.

Recordemos que:

DECLARACIÓN + SENTIR= CREACIÓN

De manera que, a partir de este Instante, esta será nuestra **PREMISA BASE**:

La Fuente es PAZ y es DICHA.

Estamos ALINEANDO nuestra "Voluntad" a ESA FUENTE INCONMENSURABLE.

Estamos CONFIANDO en que ASÍ ES.

Entonces:

Si cuando estás haciendo tus Declaraciones Conscientes, y acompañando con tu sentir, se hace visible una tensión o resistencia, sabes que es TU OPORTUNIDAD de DESVANECERLA EN LUZ.

¿Cómo?

Siguiendo con el Proceso: colocando la ATENCIÓN e INTENCIÓN en la FUENTE,

Como ya vimos, esto requiere de PRÁCTICA CONSTANTE.

CREAR estos ESTADOS precisa de <u>ATENCIÓN y PRESENCIA</u>.

Veámoslo así:

ESPACIO - TIEMPO + PRESENCIA = DICHA y PAZ

Si bien el ESPACIO – TIEMPO es una ILUSIÓN, al principio lo aclararemos de esta forma, ya que puede que la Mente "no alineada", quiera convencerte de lo contrario.

Profundizando, al estar PRESENTES y ATENTOS, conectamos DIRECTAMENTE con la ETERNIDAD.

Y allí, TODO ES POSIBLE.

Te vuelves INFINITO.

Estás en una PLACIDEZ ÚNICA.

Y te dejas CUIDAR y AMAR.

ERES PAZ, ERES DICHA

Sabes que en la ETERNIDAD "vuelves a CASA".

Es como si estuvieras flotando en las aguas.

Sólo puedes flotar cuando te ENTREGAS.

Si hay tensión, comienzas a hundirte.

Así es con la Vida.

Si te ENTREGAS, ELLA HACE A TRAVÉS DE TI.

Y ese "HACER", provoca PLACER.

Si desconfías, te vuelves rígido y te resistes…

Te HUNDES.

VUELVES a CREER que ERES UN CUERPO y pierdes temporalmente la BENDICIÓN de SER EN PAZ.

Podríamos decir que:

SER = ETERNIDAD

En la ETERNIDAD todo está muy CLARO.

La Luz de la CONSCIENCIA ILUMINA TODAS NUESTRAS PARTÍCULAS.

En la ETERNIDAD la VOZ se REVELA, y simplemente, ACCIONAMOS EN SINTONÍA.

En la ETERNIDAD NOS RECONOCEMOS y NOS AMAMOS.

En la ETERNIDAD disfrutamos de cada INSTANTE y

TODO lo AGRADECEMOS.

La ETERNIDAD está a nuestro alcance.

Es el estado MÁS BELLO al que podemos ASPIRAR.

ES EL ESTADO QUE NOS COMPLETA.

ES EL ESTADO QUE VINIMOS A COMPARTIR, AQUÍ, EN ESTE PLANO.

En la ETERNIDAD nos RE ENCONTRAMOS con tantísimos Seres.

Con aquellos que ya vibran en otros planos, y con todo el Potencial de los que aún compartimos este.

En la ETERNIDAD están TODAS LAS VARIABLES.

Y podemos elegir las que queramos, a Voluntad.

Claro, para que Ellas se "acerquen" nosotros tenemos que "entrar en Sintonía".

Hay tantos ALIADOS en los planos Sutiles!

ALIADOS que están aguardando de nuestra CONEXIÓN CONSCIENTE.

Se trata de ESTADOS y de VIBRACIONES.

Siempre tenemos que HACER NUESTRA PARTE.

Porque es ALLÍ cuando todo adquiere VERDADERO SIGNIFICADO.

De hecho, a ello vinimos.

A encontrarnos con todas esas herramientas, que usadas de manera consciente y amorosa nos permiten logros EXTRA ORDINARIOS!

ERES PAZ, ERES DICHA

¿Escuchaste hablar del "Reino de los Cielos" en algunas Escrituras?

La ETERNIDAD es ese REINO, que está totalmente EN-TRELAZADO con nuestro Diario Vivir.

Se puede SENTIR cuando entras en QUIETUD.

Cuando HABITAS TU CUERPO TEMPLO y COMANDA la PRESENCIA.

Todos los DONES están DISPONIBLES, para quien quiera TOMARLOS.

Y para TOMARLOS, tienes que llegar a ese ESTADO.

TIENES QUE VIVENCIARLO, SENTIRLO CON TODAS TUS PARTÍCULAS Y DEJAR QUE ÉL HAGA A TRAVÉS DE TÍ.

Si gustas, podemos hacer un Intento.

Es sólo una Muestra.

Luego tú, tendrás que practicarlo a diario.

Cuanto más profundo quieras llegar, más tendrás que sumergirte.

Lo más maravilloso es que disfrutarás del proceso.

Es muy placentero SER parte del Vastísimo Océano de Consciencia.

Tómate un TIEMPO para Ti: hazte ese Regalo que hace tanto anhelas recibir y que tantas veces lo has buscado "fuera".

E incluso se lo has exigido a Seres Cercanos.

Prepara tu lugar.

Disponte a entrar en ese Espacio Tiempo, donde todo ES.

CONFÍA.

DISTIENDE.

Ábrete al PLACER de TODOS TUS SENTIDOS, los físicos y los

SUPRA físicos.

Si tu Ser quiere deleitarse con música inspiradora, o aromas que te agraden, HAZLO.

Es tu REGALO, y todo lo que ELIJAS te acompañe, será de Gran Bien para Ti.

A partir de este Instante, la **SEGUNDA PREMISA** es:

Me regalaré momentos a diario, para DISFRUTAR DE MI PRESENCIA.

Para DESCUBRIRME y ENCONTRARME.

SOY LO MÁS VALIOSO QUE TENGO.

SOY EL SER CON EL QUE COMPARTO TODOS MIS MOMENTOS.

SOY MI MAYOR REGALO.

SOY LA PLENITUD.

SOY LA PAZ.

SOY LA ALEGRÍA.

SOY TODO LO QUE QUIERO EXPRESAR.

ERES PAZ, ERES DICHA

SOY TODO MI POTENCIAL EN ACCIÓN.

SOY LA PUERTA QUE CONECTA CON TODOS LOS REINOS.

SOY LA LUZ MANIFESTADA EN MILES DE MILLONES DE PARTÍCULAS, COMÚN UNIDAS EN EL PROPÓSITO DE SER, AQUÍ, EN LA TIERRA.

¿Ya has preparado tu Lugar?

¿Has colocado todos los Elementos que quieres te acompañen?

Claro! Puedes encender una vela, o colocar la imagen de un Ser amado.

ES TU MOMENTO, yo sólo te ACOMPAÑO.

Ahora, encuentra una posición muy cómoda.

Donde puedas estirarte, relajarte y distenderte.

Si la música te acompaña… entra en Ella. Fluye con ella.

Y si has elegido el Silencio, sumérgete en él.

Respira.

Respira y Siente.

Siente y respira.

Oxigena tu TEMPLO.

Lleva VIDA a todas tus partículas.

RECIBE y EXPANDE.

EXHALA y ENTREGA.

Llega a FUNDIRTE con la RESPIRACIÓN.

ELLA y TÚ, COMÚN UNIDOS en un ABRAZO INFINITO.

Permanece así, REENCONTRÁNDOTE con tu RESPIRACIÓN.

El ACTO SAGRADO de TOMAR LA VIDA, para que CIRCULE EN TUS CUERPOS, y salga RENOVADA y BENDECIDA para ser EXPANDIDA en AMOR y LIBERTAD.

INSUFLAMOS VIDA cada vez que nuestra RESPIRACIÓN se torna CONSCIENTE.

En este SIMPLE y PROFUNDO ACTO, COMENZAMOS A CONTRIBUIR.

Por hoy es SUFICIENTE.

Permanece tanto como quieras REENCONTRÁNDOTE EN LA RESPIRACIÓN.

PRESENTE en cada INHALACIÓN.

Y AGRADECIENDO en cada EXHALACIÓN.

Si en algún momento percibes que "quieres distraerte", amorosamente pon la ATENCIÓN e INTENCIÓN EN LA NUEVA INSPIRACIÓN.

Cuanto más lo hagas, momento a momento, comenzarás REALMENTE a COMANDAR TU VIDA.

Y la FUENTE se manifestará EN ti de manera FLUIDA,

como el Agua de las Cascadas acariciando las rocas.

Si deseas hacer esta práctica antes de dormir, es muy recomendable, ya que ingresarás al sueño en estado de RECEPTIVIDAD AMOROSA y Dulces Seres te visitarán susurrando en tus oídos.

Déjate sorprender y trata de estar neutro.

Las expectativas excesivas despiertan nuestras emociones dormidas y activan al sistema nervioso.

La clave es estar QUIETOS, SERENOS y CONFIADOS.

Cuando hay EXPECTATIVA, DESAPARECE la CONFIANZA.

Algo más antes de ir a descansar.

Ten siempre un anotador y bolígrafo cerca de tu cama.

Llegarán muchas Inspiraciones a partir de HOY.

Anota los colores, los Seres, los símbolos, la trama, todo lo que te sea Revelado en Sueños.

A medida que escribas, irás comprendiendo este nuevo Lenguaje.

El solo hecho de escribir todas estas "improntas" irá abriendo el Canal de Comunicación con el mundo Onírico, haciendo cada vez más frecuentes estas experiencias.

Recuerda: NEUTROS y EN RECEPTIVIDAD AMOROSA.

Los mensajes llegan cuando el FLUJO es POSIBLE.

La POSIBILIDAD se desvanece cuando las EXPECTA-
TIVAS

aparecen.

Tengamos TODOS un MARAVILLOSO DESCANSO

NAMASTE

DESVELANDO MÁS PREMISAS

Bendito Ser, ¡buenos días!

¿Cómo has amanecido?

¿Cuál ha sido tu primer pensamiento al despertar?

¿Y cuál tu primer sentir?

¿Sentiste placer y agradecimiento?

¿Recordaste algún Sueño Revelación?

A veces no es necesario recordar imágenes.

Las Sensaciones que sentimos al Despertar, también son Señales de si hemos conectado con esos Dulces Seres.

Como todo, es cuestión de intentarlo una y otra vez.

Lo importante es tener nuestra ATENCIÓN en ello.

Para conectar con los Reinos Sutiles, hemos de ir desarrollando todos nuestros sentidos.

Para ello, es recomendable escuchar durante gran parte del día, música suave, con sonidos de Naturaleza, porque cada sonido que Ella nos regala, tiene su razón de SER.

ELLA NOS ARMONIZA,

SINCRONIZA nuestros HEMISFERIOS CEREBRALES

Y NOS INTERCONECTA.

Al escuchar los Sonidos del mar, del viento, de las aves, de las cascadas, de las ballenas, de los delfines, abrimos las Puertas a la ETERNIDAD del SER.

Es la manera más fácil de FUNDIRNOS EN ESE ESTADO.

Y recuerda que al LOGRAR EL ESTADO ¡todo ES!

AL LOGRAR EL ESTADO, la mente Humana se ALINEA a la FUENTE ORIGINAL, y es allí cuando nos convertimos en MEGA SERES: en Quienes **REALMENTE** SOMOS.

Por mucho tiempo hemos creído que sólo éramos un Cuerpo.

Y además, hemos querido encontrar la Perfección a partir de él.

Por ello tantas veces nos hemos frustrado.

Nos hemos sentido pequeños, desamparados e incomprendidos.

Al buscar "la belleza sólo en la forma" no hemos logrado sentirnos "conformes".

Hemos buscado a "Dios", la "Energía", la "Consciencia", la "Iluminación" **desde el Cuerpo**, y, por ello nos ha resultado inalcanzable.

Como consecuencia, los grandes temas mundiales nos provocaron desazón.

Esa desvalorización individual, **por no CONOCER LA VERDAD DE LA EXISTENCIA**, comenzó a hacerse COLECTIVA.

Y, entre todos, sin saberlo, fuimos **CREANDO BLOQUES ENERGÉTICOS**, que gradualmente nos fueron "alejando" de esa **CONEXIÓN NATURAL E INNATA** QUE TODOS TENEMOS CON RESPECTO A LA FUENTE.

Imagina que la FUENTE ES LA MADRE QUE NOS COBIJA EN SU VIENTRE.

Estamos unidos a ELLA a través del CORDÓN UMBILICAL.

ELLA nos NUTRE, nos ENVUELVE y aporta TODAS LAS CONDICIONES para que nos DESARROLLEMOS.

Luego nos dice:

"Sal a través del Túnel! Ya estás preparado. Ahora A CREAR!"

Y así DESPERTAMOS a la **REALIDAD VERDADERA.**

Ya estamos PREPARADOS para CREAR, en COMÚN UNIÓN con la FUENTE.

A ello HEMOS VENIDO.

Y nuestro POTENCIAL es ENORME.

EXPERIMENTANDO

Haremos otra EXPERIENCIA. ¿Me acompañas?

Cuántas veces hemos dicho: El espíritu está dentro de mi Cuerpo.

Sólo reflexiona en esta frase:

"El espíritu está dentro de mi Cuerpo".

El espíritu, chispa Divina, Ser, Manifestación en este Plano o como quieras llamarlo (elige tú la palabra que más representa lo que quiero transmitirte, y hazla tuya) es INCONMENSURABLE, INFINITO y OMNIABARCANTE. Es como ya postulamos, LA ETERNIDAD MISMA.

¿Puede la ETERNIDAD estar "comprimida" dentro de un Cuerpo?

¿Qué sucede, en cambio, cuando decimos: Soy el MEGA SER INFINITO?

¿Se amplía nuestra Consciencia?

No lo pienses: SIÉNTELO.

¿Qué sientes cuando te dices SOY EL MEGA SER IN-FINITO?

Dejo espacio en blanco para que escribas todo lo que venga a Ti.

....

....

....

....

....

....

No reprimas ni desvirtúes el mensaje que te llegue.

Sólo escribe lo primero que venga a ti.

Si te parece ridículo, escríbelo igual.

Esto no es un examen, es UNA EXPERIENCIA.

Gracias por REGALARTE ESTA VIVENCIA.

Si precisas más ESPACIO para EXPRESAR todo lo que viene a ti, ¡ENHORABUENA!

Toma tu ANOTADOR de sueños, y vierte en él todo lo que llegue.

Escribe hasta que ya no queden palabras por expresar.

Recuerda:

NO PIENSES.

ESCRIBE LO QUE VENGA DIRECTO A TI.

Ya tendrás tiempo de re leerlo.

Aquí lo más importe no es la FORMA, sino lo QUE SE EXPRESA A TRAVÉS DE TI.

De esta manera, vamos "limpiando el CANAL".

En la medida que practiquemos, nuestra mente "no alineada", se convertirá en OBSERVADORA, y ya no INTERFERIRÁ.

De hecho, SE BENEFICIARÁ MUCHO CON LA EXPERIENCIA.

¿SABÍAS QUE...?

Hemos llegado a nuestra **TERCERA PREMISA**:

SOY EL MEGA SER INFINITO

¿Sabías que hemos venido a SUTILIZAR LA MATERIA?

¿Y que hemos acordado RECORDAR de DÓNDE VENIMOS para CREAR DESDE EL MEGA SER INFINITO QUE SOMOS?

¿Sabías QUE ES POSIBLE PLASMAR LA DICHA Y LA PAZ EN ESTE PLANO?

¿Sabías que la SINERGIA del GRUPO tiene un PODER INCONMENSURABLE?

¿Sabías que Tú y yo no estamos aquí POR CASUALIDAD?

HEMOS VENIDO A **CREAR LAS CONDICIONES** PARA QUE ELLO SE PRECIPITE.

Para que esto SEA, TENEMOS QUE UTILIZAR TODAS LAS HERRAMIENTAS UNA Y OTRA VEZ.

Al conectar con la FUENTE permitimos que la PAZ y la DICHA se viertan a través de la RECEPTIVIDAD de todos los CANALES DISPONIBLES.

De esa manera la materia comienza a SUTILIZARSE.

Se impregna de CONSCIENCIA, y todo lo que no es REAL, DESAPARECE.

LA CONEXIÓN CONSTANTE se vuelve la CUARTA PREMISA.

Probablemente me dirás: ¿Conexión Constante?

Sí! Cuando lo DECLARAS EN TU INTERNO, simplemente SUCEDE, sin que tengas que poner ESFUERZO en ello.

Recuerda que la FUENTE ES, **no piensa Qué tiene que hacer para serlo.**

Si comenzamos nuestro día alineándonos con la Fuente, sabiendo CON CERTEZA que ella es DICHA y es PAZ inconmensurable y que se vierte a través nuestro para SUTILIZAR LA MATERIA y CREAR LAS CONDICIONES para que ELLA SEA EN ESTE PLANO, sólo con esta CONEXIÓN realizada A CONSCIENCIA EMERGE EL MEGA SER INFINITO que REALMENTE SOMOS y ¡el MILAGRO SUCEDE!

Sólo inténtalo y luego me cuentas!

TOMANDO ACCIÓN

Te invito, en este instante, a ir al Encuentro de ese Lugar que tanto amas.

Ese Espacio donde te sientes "en casa".

Puede ser físico o imaginario. Puede ser en tu hogar terreno o en la Naturaleza.

No hay apuro.

Encuéntralo.

¿Dónde sientes que todos tus sentidos están en Armonía?

¿Dónde te quedarías horas, disfrutando y agradeciendo?

¿Qué te hace sentir ese Lugar tan especial?

¿Puedes describirlo?

Cuándo lo describes, ¿qué pasa con tu Corazón? Se expande ¿tal vez?

¿Te sientes como si estuvieras enamorado/a?

Si tuvieras que expresarlo en una palabra, ¿cuál sería esa palabra?

¿Quisieras apuntarla en tu anotador de Sueños?

Esta palabra es AHORA la Luz Guía que nos ayudará a volver al Estado de Dicha y de Paz cada vez que nos "distraigamos".

Si ya la tienes PRESENTE…¡¡¡FELICIDADES!!!

¿Te gustaría volver unos años atrás?

Todos los que gustes.

Déjate sentir y emprende ese Viaje Interior, hasta que tu ESENCIA te diga: ¡AQUÍ!

Quizá te sorprenda lo que ves.

Trata de Re Crearlo. De meterte en la Piel de ese momento.

¿Qué sentías en aquel tiempo respecto a la Vida?

¿Cuáles eran tus sueños?

¿Qué te llenaba de Amor?

¿Cuáles eran tus pasiones?

¿Qué pensabas acerca de tu porvenir?

¿Te veías como eres hoy? ¿O te imaginabas diferente?

¿Qué anhelaba tu Alma en aquellos entonces?

Siéntelo, pálpalo, respíralo e imprégnate de todo lo que en aquel tiempo te daba Paz.

Si hoy REALMENTE ESTUVIERAS ALLÍ, ¿Qué decisiones tomarías?

ERES PAZ, ERES DICHA

¿Cambiarías algo?

¿A qué le darías importancia teniendo en cuenta todo lo vivido hasta hoy?

¿Qué harías por ti?

¿Qué harías por tu Cuerpo?

¿Qué harías por tu Bienestar?

Sí, estamos hablando de Ti.

Olvídate de los Roles por un momento.

Olvídate de los "tendría" y "deberías".

¿Qué harías por y para Ti?

Toma tu anotador, y escribe. Escribe tanto como puedas. Deja volar el SENTIMIENTO. Es un momento IMPORTANTE para ti.

Una vez termines, elige tres acciones inspiradoras que hubieras hecho por ti en aquel entonces…

Tráelas a este PRESENTE.

Esas acciones puedes emprenderlas hoy.

Porque en el tiempo sin tiempo, todo ES AQUÍ y AHORA.

En ESENCIA, somos los MISMOS.

Somos MEGA SERES INFINITOS, habitando temporalmente este Cuerpo Templo.

Nuestro sentir NO TIENE EDAD.

SIEMPRE es BUEN MOMENTO para COMENZAR.

La edad existe, **si tú crees en ella.**

Si conectáramos con nuestra Verdad, con nuestra Verdadera Realidad, podríamos vivir cientos de años.

Estamos diseñados para ello.

Es cuestión de Cambiar de PERCEPCIÓN.

Trata de TOMAR ACCIÓN **HOY** respecto a esas tres acciones inspiradoras que escribiste.

Imagínate realizándolas, y luego ponte en marcha.

Te divertirás en el intento.

Es tiempo de comenzar a **DESESTRUCTURAR.**

Es tiempo de SENTIR, es tiempo de ACARICIARNOS, es tiempo de CONTEMPLARNOS CON DFI FITE y CON AMOR.

Es tiempo de ACEPTAR y de CUIDAR este maravilloso TEMPLO que nos fue ENTREGADO.

Nuestro vehículo, nuestro INSTRUMENTO, nuestro HOGAR.

Cuanto más lo cuidemos, nutramos y valoremos más sutil se tornará, para volverse un recipiente amoroso de todas las Bendiciones que la Fuente derrama en cada uno.

Si nuestro Instrumento está "desafinado", nos costará encontrar la "nota".

HOY, AQUÍ y AHORA, es el momento de COMENZAR.

Háblate… Sí, háblate, y dite cuanto te amas.

Acaríciate, siéntete.

Abrázate.

Eres GRANDIOSO/A.

Eres MARAVILLOSO/A.

ERES PAZ, ERES DICHA

Tienes todos los DONES y ATRIBUTOS.

Eres la DICHA y la PAZ, manifestada aquí en la Tierra.

¿Cómo no amarte?

¿Cómo no regalarte todo lo que te hace feliz?

¿Cómo no escucharte?

¿Cómo no abrazarte y comprenderte?

Recorre tu Templo… Insúflale Vida. Acarícialo y agradécele por todo lo que Él es para Ti, por todas sus Bondades.

Agradécele por cuánto te apoya, en todos tus momentos.

Él es tu Amigo INCONDICIONAL.

Y tantas veces, ni siquiera lo notas.

Y aquí se revela la **QUINTA PREMISA**:

AMO y VALORO MI CUERPO TEMPLO, PORQUE ÉL ES MI INSTRUMENTO AQUÍ EN LA TIERRA.

Ahora vamos a hacer una pausa.

Tienes mucho que descubrir en este Templo maravilloso.

Mucho por escuchar, bendecir, abrazar y sanar.

Tómate el tiempo que precises.

No hay apuro.

Tenemos toda la ETERNIDAD.

Y este ENCUENTRO, con CERTEZA, transformará tu Vida.

Te abrazo en Luz.

Nos vemos en el próximo capítulo.

PRESENCIA

Cuando comenzamos a habitar conscientemente este Espacio Sagrado al que llamamos Cuerpo Templo, todo comienza a revelarse.

Lo que estaba oculto o "escondido" se anima a EMER-GER, porque sabe que lo contemplaremos con esa Paz y esa Dicha que, con su infinito Amor, hará desvanecer todo aquello que no es VERDADERAMENTE REAL.

Esas resistencias, esos miedos, esas dudas…

Las memorias, los bloqueos, las vergüenzas, las lágrimas contenidas…

Las iras sofocadas, los complejos, los prejuicios y así… podemos enumerar y enumerar.

Todo ha estado allí. Todo sigue estando allí. Y cuando te decides a Amar y a Valorar tu Espacio Sagrado, estas "partículas desordenadas" se hacen Visibles, para que Tu Amor les de la Libertad.

Como ya hemos escrito, las Vibraciones no "luchan" unas "contra otras".

Simplemente las más elevadas, amorosas y sutiles van "acariciando" a las menos elevadas, y, en ese "acariciar" las van re acomodando hacia su Diseño Original.

Las vibraciones más elevadas aportan esa luz que nos hace conscientes.

Al habitar tu Espacio Sagrado, llevas Luz a todos los rincones y, en esa Observación Amorosa vas abriendo Nuevos Canales que captan con gran precisión las áreas de ese Espacio que precisan de tu PRESENCIA, para que Ella las "acaricie" y las retorne a su Estado Natural.

Así como hemos "recordado" habitar nuestro Cuerpo Templo, y testearlo desde nuestra Visión Presencia, ahora vamos a expandirnos más allá de su "contorno material", y vamos a habitar nuestro Campo Aural.

Porque nosotros nos extendemos a varios metros, incluso kilómetros, de nuestro Cuerpo Materia.

Por ello, ante la Presencia "cercana" de alguna Energía, ya sea en forma física o etérica (que alguien nos piense, por ejemplo) ya captamos y sentimos su Vibración.

Cuando la Vibración es armónica, se funde con la nuestra, y expande ambas Consciencias.

Cuando la Vibración está "desordenada", captamos la emoción base que la está generando.

Y si persistimos en hacer foco en "esa emoción base", corremos el riesgo de salir de nuestro Centro, y "empatizar" con esa Vibración (con todo lo que esto conlleva).

Por ello, el hacer uso de nuestros Canales precisa de muchísima Atención de nuestra parte, ya que la línea entre el OBSERVAR y el EMPATIZAR con VIBRACIONES "DESORDENADAS" es muy sutil y, cruzarla, es cuestión de un Instante de DISTRACCIÓN.

Tenemos que aprender a OBSERVAR, sin INVOLU-CRARNOS EMOCIONALMENTE.

Y esto también requiere de práctica, ya que esa EMPA-TÍA es subyacente al Pensamiento Consciente. Y suce-de de forma espontánea.

En la medida en que OBSERVEMOS el tiempo suficien-te, **siempre haciendo FOCO en la OBSERVACIÓN** y estando plenamente PRESENTES tendremos como resultado el DESVANECIMIENTO AMOROSO de todo aquello que no esté "ORDENADO".

En la PRESENCIA, todo vuelve A SU ORDEN NATU-RAL.

Y aquí llegamos a la **SEXTA PREMISA**:

Cuando estoy PRESENTE, todo se ordena EN, A TRA-VÉS y ALREDEDOR DE MÍ.

Para ello vamos a hacer una Práctica Modelo:

Elige esa música que tanto te armoniza, y hazla sonar.

Que esa música esté entrelazada con sonidos de agua.

Este sonido es ALTAMENTE ARMONIZADOR, y nos PREPARA para DEJARNOS FLUIR.

Vamos a ir ALINEANDO, disfrutando del sonido, disfru-tando del respirar, y aflojando todo nuestro Cuerpo Tem-plo.

Allí donde percibamos o sintamos una "contracción", o "rigidez", aflojamos.

Nos decimos: aflojo, me rindo y confío. Todo está bien en mi mundo.

Luego permitimos que la Paz y la Dicha de la Fuente, se viertan a raudales, EN, A TRAVÉS y ALREDEDOR NUESTRO.

Como si, EFECTIVAMENTE, esa Energía maravillosa y PLACENTERA, fuera Agua Cristalina de Cascadas.

Y allí vamos a permanecer unos instantes, entrando en Sintonía, y comenzando a HABITAR nuestro CUERPO MATERIAL.

Este HABITAR tiene que suceder naturalmente, SIN ES-FUERZO.

Ese HABITAR sucede cuando CONFIAMOS.

AHORA, vamos a sentir que nos EXPANDIMOS más allá de los contornos de la forma ya que nuestro MEGA SER INFINITO **ES** más allá de nuestro CUERPO TEMPLO MATERIA.

Comencemos con la EXPERIENCIA.

Cuando entras en PRESENCIA, sientes PAZ.

Como si estuvieras disfrutando de aguas cálidas que te dan mucho placer.

Llegamos a distendernos tanto, a causa de ese ESTADO TAN PLACENTERO, que prácticamente ya no percibi-mos al Cuerpo Físico.

Y, si tomas nota de ello, verás que te sientes un SER INFINITO.

En ese SENTIR NO HAY LÍMITES.

FLOTAS en un OCÉANO DE BIENAVENTURANZA.

Esto sucede cuando ESTAS EN TU ESPACIO y todo lo que te rodea vibra en esa frecuencia (por ello es tan importante la música, los aromas y todo aquello que aporte a tu bienestar).

Ahora haremos la prueba de ver qué sucede, si en cambio, en vez de escuchar música con sonidos de agua fluyendo, prendemos la televisión y dejamos de fondo un programa cualquiera.

Probemos de ESTAR PRESENTES, de AFLOJARNOS y de SENTIRNOS EN PAZ.

¿Lo logramos tan rápidamente como en la primera experiencia?

¿O nos lleva más tiempo y energía lograrlo?

De hecho: ¿LO LOGRAMOS?

¿Cómo se manifiesta nuestro Cuerpo Templo?

¿Está relajado o está en tensión?

¿Es fácil entrar en PRESENCIA o nos distraemos fácilmente?

¿Nos dispersamos y se dispara el pensamiento?

¿O logramos sentir aún esas aguas cálidas que nos dan placer?

¿Quién es el/la responsable de CREAR LAS CONDICIONES para que las vibraciones armónicas predominen?

¿Es tan difícil hacerlo?

¿O estamos tan "programados" que vamos en "automático" por la vida sin darnos cuenta cuánto daño nos hacemos por no estar PRESENTES?

La Buena Noticia ES que HOY podemos dar ESE PASO EXTRA.

A partir de este INSTANTE, podemos COMPROMETERNOS a CREAR LAS CONDICIONES QUE NOS PROVEAN DE PAZ y DE DICHA EN TODO MOMENTO.

PORQUE ES POSIBLE!

SÓLO DEPENDE DE CADA UNO DE NOSOTROS.

Volvamos a nuestro "ejercicio":

Volvamos a la Primera opción: la de lograr esa PAZ MARAVILLOSA y EXPANDIRNOS MÁS ALLÁ del "CONTORNO".

Sigue expandiéndote tanto como quieras.

Siempre con la ATENCIÓN "testeando" si se topa con "algo" que vibra "diferente".

Si nos encontramos con ese "algo", lo OBSERVAMOS SIN SALIR DEL FOCO, PERMANECIENDO EN PAZ.

Este ejercicio lo hacemos para ir entrenándonos en captar las diversas Vibraciones que nos rodean, con el fin de NO EMPATIZAR CON ELLAS y volvernos EXPERTOS en CAPTARLAS.

¿Y para qué queremos volvernos EXPERTOS en CAPTARLAS?

Para UTILIZARLAS A NUESTRO FAVOR.

En vez de seguir el paradigma de que las VIBRACIONES "EXTERNAS" NOS AFECTAN, podemos ir MODIFICANDO LA CREENCIA POR:

AL CAPTAR LAS VIBRACIONES DESORDENADAS,

ERES PAZ, ERES DICHA

MI PRESENCIA LAS BENDICE y ÉSTAS, SE RE ACO-
MODAN.

De esta manera, seguimos permaneciendo en el CEN-
TRO, en el cual reside nuestro MAYOR PODER.

Recordemos la figura del CICLÓN (mencionada por
OSHO en uno de sus libros).

Si bien el CICLÓN se caracteriza por EMITIR VIENTOS
de ALTA INTENSIDAD, el CENTRO del mismo PERMA-
NECE en QUIETUD.

Es en la QUIETUD donde NACE LA ACCIÓN CONS-
TRUCTIVA y FOCALIZADA.

Y ¿Qué pasa cuando salimos de ese CENTRO?

La ACCIÓN SE VUELVE DEVASTADORA.

HACE ESTRAGOS por NO ESTAR FOCALIZADA.

Ese CAUDAL de ENERGÍA ya no sigue un patrón de
CONSTRUCCIÓN.

Se torna DESTRUCTOR.

Lo mismo es en nosotros.

SI PERMANECEMOS QUIETOS en nuestro INTERNO,
toda ACCIÓN que nazca de esa PRESENCIA PACÍFICA,
dará FRUTOS MARAVILLOSOS en lo VISIBLE.

Si estamos en "desequilibrio", la PAZ ya no está PRE-
SENTE y las ACCIONES que de allí nazcan, ya no apor-
tarán al BIEN MAYOR DEL CONJUNTO.

Se volverán caóticas y contribuirán a un desequilibrio mayor.

Porque hay algo más que tenemos que saber:

Una acción provoca un efecto que retorna AMPLIFICADO y MULTIPLICADO.

Es como la bola de nieve que comienza a deslizarse por la montaña.

Cuando nace, es pequeña. Nadie piensa, en ese momento, que esa simple bola pueda causar un Gran Impacto.

Sin embargo la bola sigue deslizándose por la montaña, adquiriendo cada vez mayor velocidad y portando cada vez mayor cantidad de nieve.

El impacto se vuelve cada vez mayor.

Si esto lo hubiéramos sabido desde un principio, ¿hubiéramos hecho rodar esa bola de nieve?

Si HUBIÉRAMOS PREVISTO LOS EFECTOS y la MAGNITUD de los MISMOS, ¿hubiéramos tomado las decisiones que tomamos, hubiéramos emprendido las mismas acciones y dicho las mismas palabras?

Esto no es para que te sientas CULPABLE.

De HECHO la culpa es una EMOCIÓN "DESORDENADA".

Sólo te lo planteo de esta manera, para que reflexionemos juntos.

Y por sobre todo para que a partir de HOY, tomemos consciencia de los EFECTOS y de la MAGNITUD que pueden adquirir nuestras decisiones, nuestras palabras, nuestras acciones y... nuestros pensamientos.

ERES PAZ, ERES DICHA

Ha de sernos familiar el "LARGO PLAZO": **el PREVEER.**

Por hoy siento que es SUFICIENTE.

Tienes para EXPERIMENTAR para seguir entrenándo-
te en CAPTAR LAS VIBRACIONES e ir descubriendo
cuáles son ARMÓNICAS y cuales ESTÁN DESORDE-
NADAS.

Al descubrir las DESORDENADAS, **no "etiquetarlas".**

ESTAR MÁS PRESENTES AÚN EN EL CENTRO DE
QUIETUD QUE SOMOS.

Recuerda:

LA PRESENCIA LLEVA TODO A SU ORDEN NATURAL

¡¡¡A PRACTICAR entonces!!!

Dejo aquí un Espacio en Blanco para que vayas apun-
tando tus percepciones y descubrimientos. TE AMO.

....

....

....

....

....

....

Cuando practiques lo suficiente, te darás cuenta de que ya no hay "separación" entre el "adentro" y el "afuera".

Tu PRESENCIA ABARCA TODO.

TODO ES esa PRESENCIA, ESA PAZ y esa DICHA.

¿Cómo lo comienzas a notar?

Los pensamientos se tornan esporádicos y cuando EMERGE ALGUNO, es sumamente direccionado y constructivo.

Te sientes como un niño/a FELIZ. Estás CONFIADO/A y en PAZ.

SIENTES QUE TODO ES POSIBLE (desaparecen los límites autocreados).

Te sientes el MEGA SER INFINITO que realmente ERES.

ERES EL CREADOR AMOROSO y CONSCIENTE de tu REALIDAD.

Todo lo que piensas, dices, expresas y haces CONTRI-BUYE NATURALMENTE AL BIEN MAYOR.

Se MANIFIESTAN los MILAGROS (sabiendo que el Milagro es el Uso Consciente de las Supra Herramientas).

Tu PRESENCIA SANA aunque estés a miles de km, porque TRASCIENDES EL ESPACIO TIEMPO (que también es una Creencia).

INSUFLAS VIDA y NUTRES a todos los SERES.

ESTAS CUMPLIENDO con TU PARTE en el MEGA PLAN.

Si tuvieras que partir a otros planos, lo harías en DICHA y ENTREGA, ya que desde allí seguirías contribuyendo CONSCIENTEMENTE.

Y aquí me quiero detener.

Hemos llegado a la ETERNIDAD.

La palpamos, la SENTIMOS.

Llegamos a la **SÉPTIMA PREMISA**:

SOMOS ETERNIDAD

Mega Seres INFINITOS y ETERNOS.

¿Qué sientes cuando TE DICES?

SOY INFINITO Y ETERNO
SOY INFINITA Y ETERNA

¿Me lo quieres contar?

....

....

....

....

....

....

Siéntete LIBRE de EXPRESARTE.

No tienes que "conformarme" a mí.

Te lo pregunto para que expreses y describas todo lo que esta afirmación te hace sentir.

Y si aparecen dudas, descreimiento y resistencias, también está muy bien.

Siempre aparecen OPORTUNIDADES para EXPERIMENTAR todo lo APREHENDIDO.

Notarás que a medida que pasen los meses y los años, tus respuestas irán cambiando.

El escribirlas nos da una REFERENCIA.

Como así también la posibilidad de aumentar las prácticas para lograr **SER ESE ESTADO.**

AHORA haremos una pausa, para hacer algo que nos guste mucho hacer.

Nos encontramos, cuando tu Ser lo sienta, en el próximo capítulo.

DISFRUTA, SIENTE y EXPÁNDETE

TE AMO

FLUYENDO COMO EL AGUA

Una imagen muy poderosa, cuando los "aparentes obstáculos" tomen demasiada importancia, es recordar el agua de los ríos y arroyos.

En su andar hay piedras, algunas de Gran Envergadura…

Sin embargo el agua siempre encuentra la manera de FILTRARSE entre las rocas, de seguir FLUYENDO.

Ella es maleable. De esa forma, al no tener un comportamiento "rígido", al no ir "al choque", consigue su cometido, que es el FLUIR CONSTANTE.

Aún la apariencia más sólida le cede el paso, porque siempre hay un espacio (aunque ínfimo para la vista humana) donde ella puede EXPANDIRSE.

Además del FLUIR, ella nos regala su ARMONÍA.

Ese sonido CONSTANTE, que acaricia nuestros oídos.

Y ¿sabes?

Al ser nosotros Agua en un Altísimo porcentaje, alta es nuestra Capacidad de FLUIR, de CREAR ARMONÍA y de lograr "filtrarnos entre las Rocas", cumpliendo así, nuestra AMOROSA MISIÓN.

La Naturaleza ha sido diseñada PARA QUE **NOS VEAMOS EN ELLA.**

Porque esa Magnificencia y Perfección, tan benditamente SINCRONIZADA, lo es también en nosotros, ya que somos parte de ELLA.

En la OBSERVACIÓN AMOROSA de todo cuanto acontece a nuestro alrededor, SIEMPRE, si así lo anhelamos, TENEMOS UNA MARAVILLOSA RESPUESTA, una MARAVILLOSA ENSEÑANZA.

OBSERVAR se torna una PREMISA RELEVANTE.

Hemos llegado a la **OCTAVA PREMISA**:

"OBSERVO TODO LO QUE ME RODEA Y RECIBO

EL REGALO DE LA ENSEÑANZA."

Resuena con estas palabras, siéntelas en tu Corazón.

Internalízalas, pondéralas.

Haz ese ESPACIO, para que FLUYAN como el AGUA.

Y allí permanece, en ese ESTADO sin TIEMPOS, siendo Uno, siendo Una, con esta Verdad.

Prepárate, porque llevaremos este Sentir a la Experiencia.

TE ABRAZO

ABRIENDO CANALES

Te invito a acercarte físicamente a un lugar donde el Agua fluya: puede ser un río, un arroyo, una cascada…

Si vives en una ciudad, puedes poner un video, donde puedas apreciar como el agua fluye entre las rocas.

O si te gusta imaginar, mientras escuchas el sonido del agua fluir, imagina, siente, disfruta.

Sea físicamente, visualmente o imaginariamente, lo importante es que lo hagas: que te regales este momento.

Porque es en la EXPERIENCIA cuando grabamos ese Sentir – Vivencia en todas nuestras partículas.

Recuerda nuevamente: somos Agua en un altísimo porcentaje, y el agua es un Ser Sensible, que graba sentimientos, cualidades, virtudes y estados. Cuanto más llevemos a la EXPERIENCIA estas bellas sensaciones, nuestras Aguas grabarán y lo más interesante, es que las vibraciones más elevadas son las que perduran.

Para que una Vibración elevada sea "reemplazada" por otra, esta nueva Vibración ha de ser más elevada aún, lo que, con certeza, es una Bendición para el Conjunto.

¿Has encontrado ese Lugar físico, visual o imaginario?

¡Muy bien!

Ahora nos descalzaremos, para que la Energía fluya por todo nuestro Cuerpo Templo, "sin interferencias".

Si puedes estar de pie, mucho mejor. O sentado/a con la planta de los pies apoyados en el suelo.

Cerraremos nuestros ojos, solo por unos instantes, para sentir como la planta del pie apoya.

Y tomaremos Consciencia, que del centro mismo de cada planta, un vórtice energético comienza a hacerse visible.

Su movimiento es en espiral y gira en sentido anti horario.

Dejamos que suceda. Sólo OBSERVAMOS y CONFIAMOS.

Nuestro Cuerpo Templo tiene Consciencia y todas sus células están maravillosamente sincronizadas.

Lo mismo sucede con nuestros vórtices cuando giran libres, sin seguir los patrones de la mente condicionada.

La manera de no "interferir" con nuestra mente limitada, es DEJAR QUE SUCEDA, RELAJAR y CONFIAR.

La Fuente se **EXPRESARÁ EN, A TRAVÉS y ALREDEDOR NUESTRO.**

Toma Consciencia acerca de qué sientes cuando ese vórtice gira.

¿Calor? ¿Un cosquilleo? ¿Anclaje? ¿Neutralidad?

Cualquiera sea la Respuesta, bienvenida.

Aunque la respuesta sea NADA.

Una vez hayan transcurrido varios minutos, en ese ESTADO de CONFIANZA, le vamos a decir (con nuestras palabras) a ese vórtice, que eche una raíz.

Y volvemos a DEJAR QUE SUCEDA.

Cuando EMITES UN IMPULSO, este ADQUIERE VIDA PROPIA. Ya no precisas EMITIRLO una y otra vez ya que eso sería no tener FE en la Consciencia inherente a TODO.

Sólo sigue OBSERVANDO.

¿Qué sucede con esa raíz?

¿Es gruesa? ¿Es fina?

¿Va rápidamente a lo profundo?

¿O es más superficial?

¿Se adentra y disfruta de la Tierra?

¿O siente alguna resistencia en su avance?

Cualquiera sea la respuesta, SÓLO OBSERVA.

Trata de no "pensar".

Hemos de cultivar el Arte de OBSERVAR.

Y para OBSERVAR, es importante la NEUTRALIDAD.

Si tu mente califica, ESTAMOS CONDICIONANDO LA EXPERIENCIA.

Vamos a dar AHORA, un INTENTO MAYOR.

Le diremos a nuestra raíz que penetre tan profundo como quiera hacerlo.

Y respetaremos lo que ella haga con ese INTENTO.

Hemos también de aprender a NO FORZAR las situaciones.

En especial cuando es nuestro Ser el que comienza a

COMANDAR.

En la Naturaleza todo responde a una Sabiduría que pocas veces podemos comprender con nuestra Mirada Humana.

La mejor manera de comenzar a comprenderla es OB-SERVAR en NEUTRALIDAD y CONFIAR en el PROCE-SO.

Y eso es lo que estamos EXPERIMENTANDO en este MOMENTO.

Mientras todo sucede, mantente con una respiración relajada y profunda, HABITANDO TU CUERPO TEMPLO.

La Consciencia en la Respiración ayuda muchísimo en el ESTAR PRESENTES. Y al ESTAR PRESENTES, HABITAMOS POR COMPLETO NUESTRO CUERPO.

Los sentidos físicos están en su máximo potencial y los supra físicos comienzan a EMERGER.

Cuando los Supra Físicos se REVELEN, DÉJALOS ACTUAR.

Permite QUE SUCEDA.

ENTRA EN SU LENGUAJE, trata de no adaptarlo al tuyo.

RECUERDA QUE ESTAMOS ABRIENDO CANALES, y que NUEVAS FRECUENCIAS, EXPERIENCIAS, VIVENCIAS SE SUCEDERÁN.

Aquí es donde más ATENTOS tenemos que estar.

Porque cada Ser tiene sus CÓDIGOS, sus SÍMBOLOS, sus FORMAS.

Si estás ATENTO/A ¡COMPRENDERÁS!

Hagamos una pequeña pausa en la ATENCIÓN.

Podemos mover un poco nuestro cuerpo.

ERES PAZ, ERES DICHA

Sacude las piernas, rota los pies.

DESCONTRACTURA, AFLOJA, DISTIENDE.

Permite que tu Cuerpo se exprese.

Si quieres baila, gira, estírate, flexiona.

Lo que sientas estará bien.

Sacude los brazos, rota la cintura, afloja las rodillas.

Siéntete más LIBRE y LIVIANO/A.

Si deseas tomar agua, ¡hazlo! Es una Buena medida.

¿Estás listo/a para proseguir?

¿Cómo te sientes?

¿Te gustaría escribirlo? Lo que respondas estará ¡PER-
FECTO!

No buscamos la RESPUESTA ÓPTIMA, sino que tu SER
SE EXPRESE.

Aquí tienes Espacio:

....

....

....

....

....

....

Ahora ¡Sí! ¡Continuamos!

Tomamos nuevamente Consciencia de nuestras raíces y AHORA nos vamos a centrar en nuestra Columna Vertebral.

Sentimos como la Vida Asciende y Desciende a través de Ella.

Simplemente Sentimos.

Y OBSERVAMOS.

Damos el INTENTO de que esa Energía maravillosa CIRCULE LIBREMENTE.

Y DEJAMOS QUE SUCEDA.

Nos vamos ALINEANDO.

Estamos ANCLADOS a la TIERRA a través de nuestras RAÍCES, y AHORA ESTAMOS ALINEÁNDONOS, a través de nuestra Columna Vertebral.

El llevar la Consciencia a esta ALINEACIÓN, hace que el Cuerpo encuentre la POSTURA IDEAL sin que la FOR- CEMOS.

La postura ha de ser PLACENTERA, casi IMPERCEP- TIBLE.

El dolor se registra cuando ESTAMOS FORZANDO.

Cuando queremos que nuestro Cuerpo haga lo que dicta la Mente.

CUANDO EL SER COMANDA, EL DOLOR NO EXISTE.

ERES PAZ, ERES DICHA

¿Qué sientes AHORA?

Todo lo que puedas describir, aunque tu mente quiera censurarlo, escríbelo por favor. Trata de dar muchos detalles.

EXPRÉSATE.

....

....

....

....

....

....

¿Lo tienes?

Estamos llegando al final de la EXPERIENCIA.

Cobrarán Vida nuestros Brazos.

Retomamos la postura LOGRADA.

Y, con una Nueva Inspiración, abriremos nuestros brazos en forma de copa, totalmente ABIERTOS/AS A RECIBIR.

TOTALMENTE ABIERTOS/AS A OFRENDARNOS A LA EXPERIENCIA, a OFRENDARNOS A ESA FUENTE INCONMENSURABLE QUE SE VIERTE A TRAVÉS NUESTRO.

En este INSTANTE estamos en PERFECTA COMUNIÓN CON TODO LO QUE ES.

Quedamos RECEPTIVOS, ¡**SIN EXPECTATIVAS!**

Permitamos que la FUENTE nos REVELE.

Esa REVELACIÓN no siempre es una respuesta específica a una pregunta.

La REVELACIÓN puede venir en forma de PAZ, LIBERTAD, DICHA, PLENITUD, AGRADECIMIENTO, LIVIANDAD…

La REVELACIÓN puede venir en forma de SÍMBOLO, IMAGEN, COMPRENSIÓN INESPERADA, DESTELLO, CLARIDAD.

La REVELACIÓN puede venir en LÁGRIMAS, RISAS o SUSPIROS.

Al ESTAR RECEPTIVOS, LLEGARÁ.

Y sólo seremos Conscientes de Ella al PERMANECER EN ESTADO DE OBSERVACIÓN y NEUTRALIDAD.

Si NADA aparece, también está muy bien. En este estado nada es BUENO o MALO.

Todo SIMPLEMENTE ES.

¡Muy bien!

Ahora INTEGRAREMOS todos los ELEMENTOS de esta COMPOSICIÓN.

Tomaremos Consciencia nuevamente de nuestras piernas, ANCLADAS EN NUESTROS PIES, los cuales CONECTAN profundamente CON LA MADRE TIERRA.

La Columna Vertebral, a modo de TRONCO se erige ALINEADA para que los BRAZOS hagan su parte, en PLACER y EXPANSIÓN.

Al abrirse los BRAZOS en forma DE COPA, estamos EXPANDIENDO el CENTRO DEL CORAZÓN, a la vez que CREAMOS UN RECIPIENTE IMAGINARIO, en el cual la

FUENTE puede VERTIRSE.

Cuando más CONFIADOS y RECEPTIVOS estemos, ese FLUIR será CONSTANTE y siempre RENOVADO, y nuestro CUERPO TEMPLO SERÁ EL CANAL para que la DIVINA FUENTE se EXPRESE A SÍ MISMA.

De esa manera, SOMOS UNO/A con ELLA.

Y la mente condicionada y "finita" YA NO INTERFIERE.

Al SER UNO/A con la FUENTE, nos volvemos ESENCIA PURA y CRISTALINA, que TRASCIENDE LAS FORMAS, y utiliza el ESPACIO para DESPLAZARSE.

Ese DESPLAZAMIENTO sucede AQUÍ y AHORA.

Con sólo SENTIR DÓNDE QUEREMOS ESTAR, ESTAMOS ALLÍ EN ESE PRECISO INSTANTE.

TODO SUCEDE AL UNÍSONO.

Es lo que ya practican Seres de otras Dimensiones.

Ellos/as no sólo se desplazan a través del ESPACIO, sino que pueden MULTIPLICAR su "aparente forma" en miles de CUERPOS ETÉRICOS, sin dejar ser ellos mismos/as.

Algunos maestros en India y en los Himalayas, ya practican este ARTE.

En Occidente, aún se ve como SOBRENATURAL lo que es NATURAL y "hemos olvidado temporalmente".

Al enredarnos tanto con nuestros pensamientos recurrentes de baja vibración hemos tomado como NORMAL y NATURAL este estado caótico de partículas desordenadas.

AHORA ES EL TIEMPO de RECORDAR (volver a pasar por el Corazón) qué es lo REALMENTE NATURAL.

Para ello, la NATURALEZA, se vuelve nuestra MAESTRA.

Ella no MIENTE.

LA NATURALEZA es TRANSPARENTE.

ES COHERENTE.

LO QUE VEMOS ES.

No hay NADA OCULTO en ELLA.

Y nos viene a mostrar que para ser NATURALES hemos de ser TRANSPARENTES Y COHERENTES.

A medida que vayamos retornando al estado NATURAL, nuestros Cuerpos comenzarán a irradiar un brillo ESPECIAL.

Un brillo característico QUE EMANA DE LA PRESENCIA.

Y este brillo iluminará y atraerá a SERES AFINES, que aunarán sus vibraciones, MULTIPLICANDO SUS EFECTOS.

Descubrirás a esos seres porque tendrán mirada dulce, sonrisa amorosa y muchas veces te parecerá que en cualquier momento pueden tornarse INVISIBLES.

Seres que vienen a tocar EL CORAZÓN DE MUCHOS, y tienen el DON DE RECONVERTIR.

Porque todos EN ESENCIA, somos DIVINOS.

Llega, así, la **NOVENA PREMISA:**

SOMOS DIVINOS EN ESENCIA.

Y aquí nos detendremos unos instantes.

¿Qué sientes cuando digo DIVINOS?

¿Lo asocias con alguna experiencia religiosa?

¿Con algún credo o estructura?

¿O con la Luz interior?

¿Tal vez con la Consciencia?

¿Quieres describirlo?

....

....

....

....

....

....

Es importante que "limpiemos" el concepto de DIVINO de toda conexión neuronal que nos provoque rechazo o aversión.

Mi intención es que EXPERIMENTES TU ESENCIA de la manera más PURA posible.

No quiero convencerte de nada.

Sólo quiero que te RECONOZCAS sin DISTORSIONES.

CUANDO PUEDES CONTEMPLAR TU ESENCIA

¡¡¡ERES LIBRE!!!

ESPEJOS CRISTALINOS

Ahora realizaremos otra EXPERIENCIA.

Hemos de familiarizarnos con nuestra IMAGINACIÓN, con NUESTRO PODER CREATIVO EN ACCIÓN.

Para ello, imaginaremos que todo nuestro cuerpo es un ESPEJO.

Un ESPEJO CRISTALINO y LUMINOSO, que irradia mucha LUZ.

Los RAYOS provienen del CIELO, de esa FUENTE IN-AGOTABLE DE PAZ Y DE DICHA, TOCAN EL ESPEJO que somos, y SE REFLEJAN, LUMINOSOS, hacia todo alrededor.

Experiméntalo varias veces y céntrate en los EFECTOS QUE PROVOCA.

Imagínate a los Seres de TODOS los REINOS RECI-

BIENDO ESOS RAYOS DE LUZ, QUE TÚ REFLEJAS DESDE EL CIELO.

¿Qué sucede con esos Seres?

¿Están más alegres?

¿Los ves más luminosos?

¿Cómo se expresan entre ellos?

¿Se comunican en armonía?

¿Qué colores predominan?

¿Son tonos cálidos?

¿Son fríos?

Vuelve a centrarte en el ESPEJO que ERES, y ahora obsérvate a ti.

¿Cómo te sientes REFLEJANDO ESOS RAYOS CE-LESTIALES, AQUÍ EN LA TIERRA?

¿Te sientes GRATIFICADO/A?

¿Te sientes en PAZ?

¿Sientes que eres FELIZ HACIÉNDOLO?

¿O te aburre?

¿Te gustaría tener otro "rol"?

¿O hay algo en Ti que te dice que a esto has venido?

Si pudieras elegir un color que te REPRESENTE.

¿Cuál elegirías?

¿Por qué?

¿Te recuerda a algo en especial?

Volvemos a sentir esos rayos vertidos por la FUENTE y cómo se REFLEJAN EN NOSOTROS, a modo de ESPEJO.

Experimentamos, sentimos y OBSERVAMOS, qué efectos provoca esto a nuestro alrededor.

Y nos preguntamos:

¿Qué pasaría si fuéramos por el mundo siendo conscientes de que somos ESPEJOS CRISTALINOS DESDE DONDE SE REFLEJA LA LUZ DE NUESTRA ESENCIA?

¿No crees que estaríamos APORTANDO MUCHÍSIMO a nuestro ENTORNO?

Además QUÉ BIEN NOS SENTIRÍAMOS, ¿verdad?

Pues te invito a practicarlo DIARIAMENTE.

Hazlo a modo de juego, como si jugaras con ángeles.

Vuelve a ese estado puro donde todo es POSIBLE.

Es imperioso que la Humanidad vuelva a conectarse con el JUEGO.

A RECREARSE.

La RECREACIÓN es una manera DE CREAR desde la ALEGRÍA.

Nos han enseñado que el CONOCIMIENTO va de la mano de la SERIEDAD.

Y esto no es REAL.

En las ESFERAS más ELEVADAS DE CONSCIENCIA, la RISA y la ALEGRÍA son de las Vibraciones más altas.

HEMOS DE CAMBIAR EL PARADIGMA.

Y aquí llegamos a la **DÉCIMA PREMISA:**

La SERIEDAD conduce a la RIGIDEZ.
La ALEGRÍA conduce a la LIBERTAD.

¿Por qué crees que los niños/as son tan felices en la simpleza?

Para ellos, la IMAGINACIÓN LO ES TODO.

Además ellos VEN a los Seres de otros Planos, y JUEGAN CON ELLOS.

Tantas veces no les hemos creído y los hemos censurado.

Y al censurarlos a ellos, lo hemos hecho con nosotros mismos.

La CENSURA es la CÁRCEL que nos vamos CREANDO.

Y al crearla en nosotros, la CREAMOS ALREDEDOR.

Seres OMNIPRESENTES, encarcelados en nuestras propias CREENCIAS.

¿Cómo salir de estas cárceles auto creadas?

A través del PODER SANADOR DE LA RISA.

La risa DESCOMPRIME, LIBERA y EXPANDE.

La risa emite ondulaciones, que llevan VIDA y COLOR a todo alrededor.

El enojo más grande sucumbe ante el poder de una carcajada.

¿Has notado como la risa se contagia?

Haz el intento de comenzar a reír por largo rato, y verás que los seres a tu alrededor, relajan su semblante, esbozan una sonrisa y tal vez alguno comience a reír igual que tú.

La verdad es que TODOS QUEREMOS REIR, más llevamos el "recuerdo" del ridículo.

Tal vez nos tendríamos que reír del ridículo.

SOMOS LIBRES DE SER QUIENES SOMOS, siempre que sea nuestra ESENCIA la que se EXPRESE.

Te invito a comenzar a JUGAR TODOS LOS DÍAS.

Hasta que nos vayamos familiarizando.

Y no te sorprendas de restaurar la comunicación con tus hijos o de comenzar a escribir un libro, o tal vez de componer una obra artística.

Es más, deja que tu PODER CREATIVO te SORPRENDA A DIARIO.

Porque en esa SORPRESA, seguirá DESPERTÁNDOSE MÁS Y MÁS y llenará tu vida DE MAGIA.

Verás que sucederán SINCRONÍAS y como ya no crees en las CASUALIDADES, comprenderás que lo estás ¡HACIENDO BIEN!

Recuerda, no precisamos ser muchos.

PRECISAMOS CALIDAD DE VIBRACIÓN.

Y la risa forma parte de ese INGREDIENTE FUNDA-
MENTAL para lograrlo.

¿Ríes conmigo?

¡¡¡TE AMO!!!

PINTANDO MANDALAS

¿Hace cuánto que no pintas un mandala?

¿Sabes de qué se trata?

¿Quieres dejar que tu ARTISTA se exprese y te SOR-
PRENDA?

Ve en busca de un papel en blanco, de un lápiz negro, y
lápices de colores.

Puedes compartirlo con tus hijos/as.

¡JUGAR JUNTOS ES MUY SANADOR!

¿Comenzamos?

Busca un plato, y colócalo sobre el papel.

Traza el círculo con el lápiz negro, suavemente.

Luego haz un punto casi imperceptible en el centro de

ese círculo.

Ahora: toma el lápiz que sientas y comienza a pintar.

No precisa haber formas, pinta, exprésate, ¡NO PIEN-SES!

Deja que tus manos vayan a los colores que quieran ser EXPRESADOS y permíteles que lo hagan.

NO INTERFIERAS.

Estas JUGANDO.

En el JUEGO no nos censuramos.

¡NOS DIVERTIMOS!

¡DIVIÉRTETE! ¡RÍE! ¡DISFRUTA!

Sigue con el proceso, hasta que sientas que EXPRE-SASTE TODO.

NO PONGAS EXPECTATIVAS EN CÓMO ESTÁ QUE-DANDO.

SÓLO EXPERIMENTA, LIBÉRATE.

Si quieres salir del círculo ¡HAZLO!

Está TODO PERMITIDO.

Las reglas las ha puesto el HUMANO.

EN LA DIVINIDAD TODO ES POSIBLE.

Si lo estás compartiendo con tus hijos/as, obsérvalos/as, contempla sus rostros, ¡APRENDE DE ELLOS/AS!

¡Esta EXPERIENCIA SERÁ INOLVIDABLE PARA TO-DOS!

CREAR EN FAMILIA, ¡ES REALMENTE MARAVILLOSO!

¿Has terminado?

Lo primero que te preguntaré es:

¿Cómo te sientes?

¿Recuerdas cómo te sentías al empezar?

¿Y ahora? ¿Estas mejor? ¿Igual? ¿O peor?

¿Quieres describir en qué estado te encuentras AHORA?

....

....

....

....

....

....

Ahora iremos a tu CREACIÓN.

¿Qué te inspira cuando la CONTEMPLAS?

¿Hay algún color que predomina?

¿Qué emoción sientes al observarla?

¿Le cambiarías algo?

Si tu CREACIÓN PUDIERA HABLARTE, ¿qué te diría?

Escribe lo primero que te venga:

....

....

....

....

....

....

Esta ES una herramienta muy útil para cuando alguna emoción te esté embargando.

Es una forma de HACER ESPACIO.

Y también DE EXPRESAR CONSTRUCTIVAMENTE lo que estas sintiendo.

Al ver todo manifestado en el papel, LA CLARIDAD SE MANIFIESTA, y ésta nos RECONECTA CON **EL PO-DER DE SOLUCIONAR.**

Y aquí llegamos a la **PREMISA NÚMERO 11.**

EL PODER DE SOLUCIONAR SE MANIFIESTA CUAN-DO HACEMOS ESPACIO, LIBERANDO y ENCAUZAN-DO CONSTRUCTIVAMENTE NUESTRAS EMOCIO-NES.

Pintar un mandala es UNA MANERA.

¿Se te ocurren otras?

¿Te gustaría escribirlas?

DISFRUTANDO

¿Hace tiempo que no te haces un baño de inmersión?

¿Sabías que el sentir esas cálidas aguas, nos rememora el tiempo transcurrido en el vientre materno?

Por eso nos provoca tanto placer y COBIJO.

¿Sientes que SENTIR PLACER no es para ti?

¿Quién te lo ha hecho creer?

Regalarte un MOMENTO DE PLACER se torna INOLVI-DABLE para tu INTERNO.

En esos momentos TODAS NUESTRAS CÉLULAS SE ABREN A RECIBIR Y A DISFRUTAR.

Somos Seres que nacimos para DISFRUTAR.

Contamos con Sentidos MARAVILLOSOS que merecen ser EXPERIMENTADOS.

Prométeme que te REGALARÁS ESE SUMERGIRTE EN AGUAS TIBIAS. Puedes hacerlo más agradable, colocando algunas gotas de la esencia que te gusta, o acompañarte de los cristales que amas.

Ellos te irradiarán frecuencias que **<u>SIEMPRE</u>** TE LLEVARÁN A ESTADOS DE PAZ Y DE DICHA.

EL momento es AHORA, **SÓLO TÚ TIENES PODER SOBRE TÍ.**

¿LO HARÁS?

CENTROS DE PAZ

Algo maravilloso es conectarse con la Energía de los Árboles.

Hacerse "baños" en la Naturaleza es sumamente RENOVADOR.

Es que la Naturaleza es una FUENTE INCONMENSURABLE DE PRANA, esa Energía SUTILIZADA que ARMONIZA y BENDICE a quien entra en SINTONÍA.

Si tienes un bosque cerca, o un parque, acércate.

Mejor si te descalzas, para captar EL LATIDO DE LA MADRE TIERRA.

Y respira.

Permite que esa Energía SUTILIZADA ingrese a tu CUERPO TEMPLO y lo vaya restaurando, inspiración tras inspiración.

Aquí la clave es NO PENSAR.

Sólo SENTIR.

FLUYE con el ritmo de la RESPIRACIÓN, y deja que TODO SUCEDA.

Confía, entrega, RECIBE y DEJA IR.

Sin EMOCIONES, sólo FLUYENDO.

Esta práctica es sumamente RENOVADORA.

RECICLAS TOTALMENTE TU ENERGÍA.

OXIGENAS TU TORRENTE SANGUÍNEO y refuerzas todo tu sistema INMUNE.

Además sentirás que te impregnas de SABIDURÍA.

De la sabiduría PROPIA del REINO VEGETAL.

Si sientes sueño repentino, es porque estás EQUILI-BRANDO.

También puede suceder que te ACTIVES si te sentías agotado o decaído.

SIEMPRE QUE PRECISES DE ARMONIZARTE, CO-NÉCTATE CON LA NATURALEZA.

Llegamos a la **PREMISA NÚMERO 12.**

LA NATURALEZA ES NUESTRA GRAN ARMONIZA-DORA.

La NATURALEZA fue CREADA para PROVEERNOS DE CONSTANTE BIENESTAR.

Al estar en CONSTANTE BIENESTAR, estamos en AR-MONÍA.

Y Ella es la que nos lleva a CREAR CONSCIENTEMEN-TE.

ERES PAZ, ERES DICHA

Vamos convirtiéndonos en CENTROS DE PAZ.

Y la PAZ va EXPANDIENDO e IMPREGNANDO TODOS LOS ESPACIOS.

¿Es importante para Ti convertirte en un CENTRO DE PAZ?

¿Crees que lo podríamos EXPERIMENTAR A DIARIO?

Ya sabemos que SOMOS NOSOTROS QUIENES CREAMOS LOS ESTADOS.

Si CREAMOS LAS CONDICIONES… ¡ES POSIBLE!

ES NUESTRA RESPONSABILIDAD,

Hay muchísimos SERES a Quienes PODEMOS INVITAR A VIVIR LA EXPERIENCIA, recordando SIEMPRE que LA VIDA ESTÁ PRESENTE ¡EN TODO!

Al hacerlo, estaremos formando **CENTROS EMISORES.**

El primer Centro Emisor seremos nosotros mismos.

Al principio podemos acompañarnos de Seres como: Esencias de hornillo, aromas, velas aromáticas, flores, plumas, cristales, pinturas, etc.

Esto hará que nos sintamos ACOMPAÑADOS EN LA EXPERIENCIA, y, a su vez, estos SERES SE IMPREGNARÁN DE LA VIBRACIÓN CREADA EN CONJUNTO.

ESTE ES EL MAYOR BENEFICIO: la INTERACCIÓN CONSCIENTE ENTRE TODOS LOS SERES IMPLICADOS.

Y llegamos a la **PREMISA NÚMERO 13:**

LA INTERACCIÓN CONSCIENTE ENTRE TODOS LOS SERES IMPLICADOS TRAE UN BENEFICIO MAYOR QUE LA SUMA DE CADA VOLUNTAD INTENCIONA-DA.

Esto quiere decir que podemos hacer nuestra parte de forma INDIVIDUAL, más el BENEFICIO ES MAYOR cuando varios Seres se entrelazan CONSCIENTEMEN-TE entre sí CON UN MISMO PROPÓSITO.

Esto provoca una MULTIPLICACIÓN de los EFECTOS a grados INIMAGINABLES, logrando RÁPIDAMENTE lo que se tardaría mucho más tiempo si se hiciese de forma INDIVIDUAL.

Esta INTERCONEXIÓN NO PRECISA DE CERCANÍA FÍSICA, **PRECISA DE LA COMÚN UNIDAD DE INTEN-SIONES, SINCRONIZADAS EN UN MISMO PROPÓSI-TO, AL MISMO TIEMPO.**

Cuando los SERES IMPLICADOS, se COMÚN UNEN, LA LUZ RECORRE LA RED EN UN INSTANTE, y pa-trones COLECTIVOS instaurados por mucho tiempo, se DESVANECEN ANTE SU PRESENCIA.

Esto no está sucediendo en Gran Escala en nuestro MEGA HOGAR, porque AÚN NO LO HEMOS INTEN-TADO.

Tenemos una POTENCIA INCREÍBLE CUANDO NOS UNIMOS.

Sólo que aún creemos que si nos UNIMOS, hemos de renunciar a nuestra forma de Ser.

Y, en realidad, HEMOS SIDO DISEÑADOS "aparente-mente" DIFERENTES, para beneficiarnos del poder de la BIODIVERSIDAD.

ESE "ALGO", QUE PARECE SER LO QUE NOS SEPA-RA, ES EL PRINCIPAL INGREDIENTE PARA LOGRAR UNA UNIÓN PERDURABLE.

Nuevamente la figura del PUZZLE (rompecabezas) describe la GRAN IMPORTANCIA de la BIODIVERSIDAD.

Ese PUZZLE, producto de la UNIÓN de tantos COLORES, TONOS y FRECUENCIAS no nos impactaría con su BELLEZA, si todas las piezas fueran iguales.

Si supiéramos QUÉ IMPORTANTE SOMOS para que ese PUZZLE LUZCA COMPLETO, HARÍAMOS BRILLAR NUESTRA ESENCIA con GRAN INTENSIDAD.

Y aquí llega la **PREMISA NÚMERO 14:**

EN LA UNICIDAD DENTRO DE LA EXISTENCIA ESTÁ LA FELICIDAD.

Unicidad no es SOLEDAD.

Es ser único y, a la vez, pieza clave en el TODO.

UNICIDAD en la TOTALIDAD: El PERFECTO EQUILIBRIO.

Es el comprender que somos esa nota única que, entrelazada con otras crea una melodía maravillosa que bendice a todas las partes.

La TOTALIDAD **ES** en cada UNICIDAD.

Si bien nos "percibimos" separados, estamos COMÚN UNIDOS por la Misma ENERGÍA SUBYACENTE:

Por la misma ESENCIA.

2° PORTAL: SUTILIDAD

DULCES SERES

Comencé a girar en Círculos… Cada vez más y más rápido, sintiendo la brisa en mi rostro…

La Sensación era CELESTIAL…

Dulzura que me envolvía…

Me sentía AMADA.

Cerré los Ojos, y me dejé Sentir.

DISFRUTÉ de CADA MOVIMIENTO.

Y AGRADECÍ…

Ante mí aparecieron Seres Bellísimos, de larga Cabellera Dorada, y miradas profundas.

Comenzaron a girar junto a mí.

Y el giro se tornó más placentero aún.

"¡Qué bueno que estés aquí!"- me dijeron

"Te llevaremos a nuestro ESPACIO".

"Queremos que nos Conozcas".

Y girando y girando, fuimos descendiendo a un bosque de olmos, que reflejaban Luz Dorada…

Sentía el canto de voces preciosas, todas femeninas.

"Bienvenida a Casa"- me dijeron

En ese ESPACIO, todo era muy SUTIL.

Se respiraba armonía y liviandad.

Por momentos parecía que estos Seres iban a desaparecer.

Eran muy etéreos.

Recolectaban plantas y algunas raíces con muchísimo cuidado, mientras hacían una especie de "plegaria – conexión" con la planta con la que interactuaban.

Y la planta, ante aquel Trato tan Amoroso, respondía regalando su perfume.

Este era el Símbolo de que ERAN ALIADOS, y de que unos CUIDABAN de los OTROS.

Las hojas recolectadas, ya en sus manos, eran envueltas por suaves sonidos que ellos emitían, impregnándolas de Luz.

Luego se reunían en círculo y hacían sus preparados.

Todos de exquisito sabor.

Sus aromas eran dulces, como la miel.

"Prueba de éste"- me dijo el más alto.

"Es el elixir de la Eterna Juventud".

Quedé maravillada, mirándolo con asombro.

"Nosotros vivimos cientos de años.

Algunos hablan de nuestra Inmortalidad en sus textos".

"Es tal nuestra Comunión con la Naturaleza, que conocemos cada uno de sus Secretos, y los aplicamos con reverencia y Sabiduría.

Las Plantas han sido nuestras Aliadas desde siempre.

Nos conocemos tanto, que nos comunicamos por Presencia.

Cada planta en el planeta, tiene su razón de Ser.

Portadoras de Medicina, no sólo para el Cuerpo, sino también para el Alma.

Bebe de esta infusión, a ver qué sientes"- me dijo dándome una pequeña vasija.

Bebí de a pequeños sorbos, deleitándome con su sabor.

Sentí un leve mareo, y luego comencé a ver colores, alrededor de cada árbol.

"Sigue mirando con Atención"- me dijo.

A medida que observaba, podía ver como esos colores adquirían movimiento, como si PULSARAN.

"Estas viendo las Vibraciones"- me dijo.

"Cada Ser palpita, no sólo a través de su Corazón."

"Su campo aural, también PALPITA.

Se expande y se contrae, según cómo se siente".

"Si es visitado por Presencias Afines, se expande en AGRADECIMIENTO.

Y cuando capta algún peligro, se CONTRAE.

Continua observando…"

Ahora el campo aural de cada árbol se extendía varios metros alrededor.

Su tonalidad era Rosa.

Inspiraban mucha Paz.

"Están IRRADIANDO AMOR.

Se sienten a gusto Contigo.

Los árboles son GENERADORES DE PRANA.

El PRANA es llamado en algunas culturas también MANÁ.

Es el VERDADERO ALIMENTO.

Cuando los Seres alcanzan un cierto Grado de Entendimiento y abren sus Sentidos Supra físicos, pueden ALIMENTARSE de esta Sustancia, INVISIBLE para el Común de los Sentidos.

¿Quieres probar?"

"Me encantaría"- contesté

Ese halo de Luz Rosada, vino directo hacia Mí.

Y me envolvió.

Cuando inspiré, ingresó en mi cuerpo.

Y sentí una Dicha Sin Igual.

Me sentía PLENAMENTE VIVA.

ERES PAZ, ERES DICHA

"Aliméntate, nútrete.

Impregna todas tus partículas con Él".

A medida que inspiraba me sentía cada vez más liviana y más feliz.

Daba la sensación de que en cualquier momento flotaría.

"¿Por qué no?"- me dijo aquel Bellísimo Ser.

"Aquí ya no precisarás de la Imaginación.

Lo harás REALMENTE".

"Las Leyes, en este ESPACIO, son diferentes a las Leyes del Plano Físico.

Lo que el Ser humano Común ve como IMPOSIBLE, aquí es NATURAL QUE SUCEDA.

Nos da FELICIDAD que PUEDAN IR ACCEDIENDO A ESTAS LEYES, GRADUALMENTE.

La Vida cambia CONSIDERABLEMENTE.

Es VIVIR EN FELICIDAD…"

"Qué bello"- pensé.

El sólo imaginarlo me colmó de DICHA.

"Ven".

"El Bosque quiere revelarte sus Secretos"- me dijo.

Me tomó de su mano, sumamente sutil, y comenzamos a andar.

Por momentos sentía que mis pies no tocaban el suelo.

Y cuando lo miraba, Él sonreía.

Llegamos a las Cascadas.

Sentía que ya conocía ese Lugar.

Lo había visitado en "imaginación" cuando adolescente.

"Aquí te encontrarás con Seres, de los que seguramente escuchaste hablar, y que aún no has visto".

Jugando entre las aguas, estaban las Ninfas.

Me sentí envuelta en un Cuento de Hadas.

Todos esos Seres que habíamos bautizado de "imaginarios", eran tan REALES como nosotros.

Sólo que al no captarlos con nuestros sentidos físicos, habíamos creído que no existían.

Ellas parecían no notar mi Presencia.

Su atención estaba en las Aguas, como si de ellas dependiera que éstas fluyeran con Vitalidad y Energía.

"En la Naturaleza hay muchísimos Seres, que cuidan de cada Recurso.

Son Guardianes, Diseñadores, Arquitectos, Facilitadores.

Cada uno desempeña una Labor.

A veces están tan afanados en sus Tareas, que no perciben que alguien se acerca.

Gracias a todos estos Seres, los Humanos pueden disfrutar de muchísimas Bondades.

ERES PAZ, ERES DICHA

Muy pocas veces ellos se Hacen Visibles ante el Ojo Humano.

Lo hacen sólo cuando CONFÍAN en que serán VALORADOS y RESPETADOS."

Agradecí TENER LA OPORTUNIDAD.

"Queríamos que la Humanidad supiese, que todo esto es REAL.

Quizá así se acerquen a nosotros con otra ACTITUD, más amorosa, más genuina, más esencial."

Unas risas cantarinas me sorprendieron.

Pequeños hombrecitos se divertían mientras jugaban en los huecos de los árboles.

Me dieron mucha ternura.

Parecían ancianos, y jugaban como niños.

Algunos, con grandes regaderas, dejaban caer gotas refrescantes sobre la hierba.

¡Qué mundo maravilloso COEXISTÍA con NOSOTROS!

Y cómo al poder verlos y compartir con ellos, nuestra mirada se TRANSFORMABA POR COMPLETO.

Rayos de BONDAD penetraban a nuestra VIDA.

Al ver todo ese despliegue de Actividad Invisible y permanente, ¡cómo no querer contribuir y cuidar el Ambiente tanto como lo hacían Ellos!

"En algún momento de la Historia, todos convivíamos en Paz"- me dijo el Bello Ser.

"Cuando el Ser Humano comenzó a "desviar" su camino, estos Seres se hicieron INVISIBLES, para PRESERVARSE.

Quedaron algunos relatos que hablaban de su Existencia, mas como ya no eran VISIBLES, muchos creyeron que formaban parte de una FANTASÍA COLECTIVA.

El hecho es que SIEMPRE EXISTIERON sólo que, al conocer las Leyes Supra físicas, lograron mantenerse en el Plano Intangible.

Es nuestro Mayor Anhelo, que gradualmente la Humanidad encuentre el CAMINO que nos lleve a COEXISTIR en ARMONÍA nuevamente.

Que tú estés aquí nos da muchísima ESPERANZA."

Me sentí FELIZ. Algo en mi Interior me decía que ¡MUY PRONTO COEXISTIRÍAMOS!

Comencé a girar nuevamente.

Y me dejé Sentir.

Parecía que los giros me llevaban de plano en plano.

Me había sentido muy a gusto con estos Seres.

Me resultaban muy familiares.

"Ya nos volveremos a ver"- me dijo el bellísimo Ser.

"Recuerda que has bebido del elixir y te has alimentado del Prana.

Quedamos así unidos, por lazos invisibles.

ERES PAZ, ERES DICHA

Cada vez que quieras visitarnos, ÉSTE ES TU LUGAR.

Y cuando nos precises, ALLÍ ESTAREMOS."

Con una Dulce Mirada le agradecí.

Sentí que ya había compartido alguna Existencia con Aquel Ser.

Quizá, cuando todavía COEXISTÍAMOS, habíamos sido FAMILIA.

Él sonrió con una mirada tan profunda, que llegó directo a mi Corazón.

Era parte de Mí.

Fuera donde fuera, ese Ser estaba dentro.

Su sutilidad, su conexión amorosa con cada Ser, su profundidad… ya eran parte de mí.

Tal vez el ELIXIR estaba haciendo sus Efectos.

Cerraba mis Ojos, y allí estaba Él.

¿Sería un Nuevo Guía en este Andar?

A medida que avanzara, el Camino lo revelaría.

Era importante seguir, confiando en cada paso.

Hasta que ENTENDÍ.

Ya no había "SEPARACIÓN".

El ELIXIR había dejado VIVA, EN MI RECUERDO, la UNIDAD ENTRE TODAS LAS COSAS.

Los Seres unidos por el más puro amor, **SIEMPRE estaban COMÚN UNIDOS.**

Más allá del PLANO donde se encontrara cada uno, **se sentían a través del INVISIBLE.**

Se amaban, más allá del TIEMPO y del ESPACIO.

Los Seres unidos por el más puro amor, eran portadores de la PAZ y de la DICHA dondequiera que estuvieran.

Vibraban en el ORIGEN, en la CÉLULA MADRE de la CUAL todos nos habíamos expandido.

Teniéndola PRESENTE, ella sería NUEVAMENTE una REALIDAD VISIBLE.

Ya lo sabíamos en nuestros Corazones.

Y ESO ERA SUFICIENTE.

A partir de ese Instante, me sentí ACOMPAÑADA en cada paso.

Me sentía parte de una GRAN FAMILIA que velaba por el Bienestar de todos los Seres.

Quizá estaba compenetrándome de las Divinas Cualidades del Universo, de Padre Madre Vida o de como quisiéramos llamarle.

La Divina Fuente estaba **EFECTIVAMENTE**, activando cada partícula con su Divina Consciencia.

Y al DESPERTAR las PARTÍCULAS, DESPERTABA todo nuestro SER.

Comenzábamos a RECONOCERNOS como DIOSES y como DIOSAS.

Como FUENTES hechas "a SEMEJANZA", con las cualidades INHERENTES de NUTRIR, de COBIJAR, de PROVEER, de SANAR, de REESTRUCTURAR…

Todo este Viaje de Práctica, me había llevado a VIVIR LA FUENTE de una manera muy CREATIVA.

Porque el Universo era EL PODER CREATIVO DIVINO EN ACCIÓN.

Siempre trascendía nuestra lógica, y siempre nos llevaba donde teníamos que estar.

"Quiero que recuerdes todas las Premisas"

"Quiero que las compartas con todos tus Hermanos".

"Quiero que se hagan Mantras en vuestros Corazones".

"Y que hagan de ellas una PRÁCTICA CONSTANTE".

"Todos/as han de llegar a CONOCER las LEYES SUPRA FÍSICAS".

"CON ESMERO, ¡TODO SE LOGRA!"

LAS PREMISAS, PARA TI

Sentí REESCRIBIRLAS, PARA TI.

Aquí están, con todo mi AMOR:

PREMISA N° 1: La Fuente es Paz y es Dicha.

PREMISA N° 2: Me regalaré momentos a Diario para Disfrutar de mi Presencia.

PREMISA N°3: Somos MEGA SERES INFINITOS.

PREMISA N° 4: La Conexión Constante.

PREMISA N°5: Amo y Valoro mi Cuerpo Templo, porque Él es mi Instrumento aquí en la Tierra.

PREMISA N° 6: Cuando estoy PRESENTE, todo se ordena EN, A TRAVÉS y ALREDEDOR DE MÍ.

PREMISA N° 7: Somos ETERNIDAD.

PREMISA N° 8: Observo todo lo que me rodea y recibo el Regalo de la ENSEÑANZA.

PREMISA N° 9: Somos DIVINOS en ESENCIA.

PREMISA N° 10: La SERIEDAD conduce a la RIGIDEZ. La ALEGRÍA conduce a la LIBERTAD.

PREMISA N° 11: El Poder de Solucionar se manifiesta cuando hacemos Espacio, liberando y encauzando constructivamente nuestras Emociones.

PREMISA N° 12: La Naturaleza es nuestra Gran Armonizadora.

PREMISA N° 13: La Interacción Consciente entre todos los Seres implicados trae un Beneficio Mayor que la suma de cada voluntad intencionada.

PREMISA N° 14: En la Unicidad, dentro de la Existencia, está la FELICIDAD.

3° PORTAL: UNIDAD

COMPLETUD

No imaginaba la sorpresa que tendría al final del Camino…

Sentía una emoción muy profunda, que venía del centro mismo de la Garganta.

Parecía que algo se destrabaría.

Algo que había estado allí por muchísimo tiempo.

Mucho más del que podía imaginar.

"Todas tus vivencias quedan registradas".

"En las partículas de tu cuerpo, en las partículas de tus emociones, en las partículas de tu cuerpo Aural".

"Y son esas partículas las que vuelven a ATRAER a Aquellos con los que hemos VIBRADO".

"Son esos Encuentros SANTOS".

"Esas Miradas tan Amadas de Antaño, que HOY vuelven a cobrar VIDA".

"Son esos Seres que te hacen temblar con su Cercanía."

"Y a los que ya AMAS al instante de Conocer".

"Con esos Seres has vivido muchas experiencias.

Algunas de Gran Armonía.

Otras de dolor, por no haber comprendido el ROL del DESAPEGO.

Por ello a veces encarnamos con alguna SEÑAL FÍSICA.

Algo que ha quedado A RESOLVER tal vez en esta EXISTENCIA.

Y la SOLUCIÓN se hacía VISIBLE cuando estamos PREPARADOS.

Pueden sucederse Vidas y Vidas, hasta que llega una que ES ¡LA VIDA!

La que reúne todas las CONDICIONES para lograrlo.

Esas CONDICIONES por sí mismas, sólo crearán el marco.

Somos nosotros, los PROTAGONISTAS, quienes tenemos que tener la VALENTÍA de LIBERAR todo lo que ha "quedado pendiente".

En los Tiempos en que fue cristalizada esa emoción no COMPREHENDIDA, aún no contábamos con el Nivel de Consciencia que PODÍA VER EL **PARA QUÉ.**

El Cuerpo Colectivo del Planeta estaba más denso y enredado. Por ello, habíamos partido a otros planos, preguntándonos el POR QUÉ nos había sucedido.

Quedamos con esa Impronta.

Con esa Memoria.

Con ese Recuerdo.

ERES PAZ, ERES DICHA

Anhelando re encontrarnos con esa parte nuestra que había quedado "en algún lugar".

Sabíamos desde lo Interno, que el día que la recuperáramos ESTARÍAMOS TOTALMENTE COMPLETOS.

Y todo indicaba que al final del Camino, te ENCONTRARÍA.

ALLÍ estarías, SONRIENTE, sólo observándome con tu Dulce Mirada.

Y el sólo imaginarlo, me emocionaba PROFUNDAMENTE.

TANTO NOS HABÍAMOS AMADO…

Y ese SENTIR había PERDURADO por EONES DE TIEMPO.

Existencia, tras existencia.

INTACTO, PURO, BENDITO y SUBLIME.

El AMOR VERDADERO era posible aquí en la TIERRA.

PORQUE LO ERA EN LOS PLANOS SUTILES.

En esos estadios ya no éramos hombres, no éramos mujeres.

ÉRAMOS SERES AMOROSOS QUE COMPARTÍAN LA DICHA DE SER.

Y esa DICHA ERA TAN OMNIABARCANTE que era LA FELICIDAD MISMA.

Iba CAMINO al AMOR VERDADERO.

A sentir como nunca antes había sentido.

A estremecerme con cada palabra.

A fundirme en cada Sonrisa.

Para ello había recorrido este largo Camino.

Para Encontrarte en SU FINAL.

EL FINAL DEL CAMINO TERRENO que era el COMIEN-
ZO DEL CAMINO SUTIL.

EL INFINITO cobraba VIDA.

En su ETERNO FLUIR, "cerraba algunas puertas" en el
preciso instante en que "otras abría".

Me regalaste una Rosa.

Tú y yo sabíamos qué significaba.

Las palabras habían dado ESPACIO a la Conexión que
las trascendía.

Sentí su fragancia y recordé NUESTRO HOGAR.

AQUEL DONDE ÉRAMOS PLENAMENTE FELICES.

Donde nuestros OJOS IRRADIABAN BONDAD.

ESE HOGAR que EXPANDÍA EL PECHO CON SÓLO
EVOCARLO.

Qué bello era poder "traerlo" a este plano.

Al menos hasta que nuevamente retornáramos a Él.

ERES PAZ, ERES DICHA

Tomaste de mi mano.

Sentí su calidez.

Esa parte mía, tan añorada, volvía a SER PARTE DE MÍ.

AMBOS NOS ESTÁBAMOS COMPLETANDO, CADA UNO EN SÍ MISMO.

De mi Garganta salieron Palomas, que emprendieron su vuelo hacia las alturas.

El brillo de las lágrimas en mis Ojos, creaba un nuevo fulgor.

Tus Ojos también brillaban.

Y dejaban verter las suyas.

Sobre nosotros, una ESTRELLA, nos llamó la ATEN-CIÓN.

Hacía un DIBUJO.

Era una ESTRELLA de 5 PUNTAS.

La que, en Sueños, me había vinculado con el Hemisfe-rio Norte.

Y allí REAPARECÍA.

Para ANUNCIAR LA LLEGADA de AQUEL que ALGUNA VEZ ESTUVO ENTRE NOSOTROS.

Me pregunté si sería en PRESENCIA FÍSICA.

La ESTRELLA SE DETUVO, justo SOBRE NOSOTROS.

Y un GRAN TUBO DE LUZ RADIANTE, nos envolvió.

FUIMOS ASCENDIDOS HACIA ELLA.

Y ALLÍ LO VIMOS:

Desde sus OJOS ESMERALDA como AGUAS DE LA MAR, nos miró con TANTO AMOR, QUE SENTÍ ME DESVANECÍA EN LUZ.

Con el PODER DE SU MIRADA, nos IMPREGNÓ DE BENDICIONES.

Y esas BENDICIONES se EXPANDIERON hacia TODAS LAS DIRECCIONES, ABARCANDO LA TOTALIDAD.

Suspiré.

El REINO DE LOS CIELOS, del cual hablaban TANTAS ESCRITURAS, estaba siendo UNA REALIDAD VISIBLE.

ESTABA SUCEDIENDO, ¡AQUÍ y AHORA!

Nos sentimos PROFUNDAMENTE HONRADOS.

Cobijados en su LUZ.

ESE INSTANTE, FUE ETERNO…

COMO TODOS LOS INSTANTES…

HASTA QUE SUAVEMENTE, COMENZAMOS A DES-CENDER.

SIEMPRE FLANQUEADOS por SERES que nos CUIDA-BAN desde SIEMPRE.

NUESTROS PIES TOCARON EL SUELO.

Y GRANDES RAÍCES SALIERON DE ELLOS, PARA IR

DIRECTAMENTE AL CENTRO MISMO DE LA MADRE TIERRA.

Toda esa LUZ RECIBIDA, ERA OFRENDADA A ELLA.

PARA QUE ELLA EMERGIERA, con toda SU LUZ, CON TODO SU AMOR.

Con todos sus TESOROS, CON TODOS SUS DONES.

HABÍAMOS FINALMENTE CREADO LAS CONDICIO-NES.

HABÍAMOS HECHO LO QUE HABÍAMOS DICHO QUE ÍBAMOS A HACER.

HABÍAMOS ESTADO COMPROMETIDOS HASTA EL FINAL.

Y ésta era la RECOMPENSA.

Que la DIVINA MADRE DORMIDA, en el PECHO DE LA MADRE TIERRA, SALIERA A LA LUZ.

QUE DESPLEGARA TODO SU POTENCIAL y SE EX-PANDIERA.

QUE SE PUSIERA DE PIE.

Y en ese DESPERTAR, COMENZARON A APARECER SERES DESDE TODAS LAS DIRECCIONES que NOS RODEARON, QUEDANDO AMBOS EN EL CENTRO.

No recuerdo más.

Sólo sé que AHORA, estoy aquí ESCRIBIÉNDOTE.

ESTOY AQUÍ, AGRADECIÉNDOTE.

PORQUE SIN TI, NO HUBIERA SIDO POSIBLE.

TÚ, con tu DEDICACIÓN, con tu AMOR, con tu PRE-SENCIA CONSTANTE, mantuviste ENCENDIDA LA LLAMA, para que todo esto fuera PLASMADO.

Con tu ESCUCHA ATENTA, con tu APERTURA, y con tu COMPROMISO, LLEGAMOS HASTA AQUÍ.

Bien sabías, como yo, que habíamos venido a este plano PARA ALGO.

Y ese ALGO YA TENÍA NOMBRE.

ESE ALGO ERA:

HABER SIDO PARTE DE "TRAER EL CIELO A LA TIE-RRA".

Gracias INFINITAS HERMANO DE LUZ.

Gracias INFINITAS HERMANA DEL ALMA.

GRACIAS INFINITAS A TODOS LOS REINOS.

GRACIAS INFINITAS A TODOS LOS ELEMENTOS.

GRACIAS A LA VIDA.

ERES PAZ, ERES DICHA

GRACIAS AL AMOR DIVINO.

GRACIAS A LA PAZ.

GRACIAS A LA DICHA.

Y GRACIAS, GRACIAS, GRACIAS A LA HERMANDAD…

Nos veremos pronto, **porque esto RECIEN EMPIEZA.**

SÉ EL SER QUE VINISTE A SER

Y HONRARÁS A TODA TU DESCENDENCIA.

IRRADIA TODO LO QUE HAY EN TI

Y SERÁS LUZ EN LA OSCURIDAD.

AMA COMO NUNCA ANTES

Y HABRÁS COMPRENDIDO LO MÁS SAGRADO

DIOS

PADRE MADRE VIDA

LA DIVINA FUENTE

LA ENERGÍA CÓSMICA

EL CAMPO CUÁNTICO DE LAS INFINITAS POSIBILI-
DADES

EL UNIVERSO

O COMO TÚ QUIERAS LLAMARLO, **ES EN TI.**

FLUYE A TRAVÉS DE TI.

Y **SUSTENTA TODO** CON SU PRESENCIA.

TE ABRAZO…

ERES PAZ

ERES DICHA

AGRADECIMIENTO INFINITO

ERES PAZ, ERES DICHA

LA VOZ DE TU
ALMA
LA VOZ DE TU ALMA
LAIN
LAIN

ERES PAZ, ERES DICHA

Ha llegado el momento de contarte acerca de Alguien muy Especial.

Un Ser Puro, de Esencia Cristalina y Luminosa, que una noche de gran dolor tomó la mejor decisión de su VIDA: escribir "LA VOZ DE TU ALMA".

Esta fue la puerta de Inicio, de una SAGA INCREÍBLE, verdadera joya ESPIRITUAL donde CIELO y TIERRA se entrelazan y caminan de la mano.

Principios Universales, creencias de Poder, DECLA-RACIONES y la Gran Oportunidad de REPOLARIZAR nuestro Sistema de Creencias, hacen de la lectura de la SAGA un viaje realmente maravilloso.

Gracias Amado Lain por ser parte de nuestras Vidas.

En mi caso en particular, gracias por Darle ALAS a mi Sueño.

Gracias, a través de tus líneas, a través de tu voz, a través de tu ESENCIA por encenderme la llama del ENTU-SIASMO y de la PASIÓN que hoy se hacen VISIBLES en la manifestación de mi primera Trilogía.

Te auguro una Vida Maravillosa y BENDECIDA.

Y a ti, querido lector/a, te invito a despertar a tu ALMA IM-PARABLE, y a regalarte la BENDICIÓN de que la VOZ DE TU ALMA te encienda.

Con todo AMOR, GRACIAS LAIN GARCÍA CALVO!

DECLARACIONES PARA EL BUEN VIVIR

ERES PAZ, ERES DICHA

En Común Unidad con la Naturaleza DECLARO:

SOY un SER ESENCIAL,

QUE RESPETA y VALORA A CADA SER SINTIENTE.

ME COMPROMETO A CONTRIBUIR AMOROSAMEN-
TE CON EL MEGA PLAN, IRRADIANDO PAZ Y DICHA
EN TODO MOMENTO Y LUGAR.

SOY UN MEGA SER INFINITO QUE ENVUELVE EN
LUZ A TODO Y A TODOS.

TODO CONOCIMIENTO QUE LLEGUE A MI, A TRA-
VES DE TODOS LOS CANALES DISPONIBLES, SERA
COMPARTIDO CON AMOR Y ALEGRÍA.

SOMOS CREADORES CONSCIENTES TOTALMENTE
ALINEADOS A LA FUENTE.

ESTO RECIÉN EMPIEZA

ERES PAZ, ERES DICHA

ERES PAZ, ERES DICHA

Querido Lector, Querida Lectora:

Agradezco infinitamente tu AMADA PRESENCIA.

Como ya sabemos, NO EXISTEN LAS DESPEDIDAS en el Universo.

Aquí finaliza la Primera Trilogía, para, con CERTEZA, dar el INICIO a próximas INSPIRACIONES.

TE REGALO MI CORAZÓN, Y ANHELO DESDE LO PROFUNDO QUE JUNTOS CREEMOS LAS CONDICIONES PARA VIVIR UNA VIDA PLENA.

TENEMOS TODO PARA LOGRARLO.

ASÍ QUE… ¡A POR ELLO!

PRONTO nos REENCONTRAMOS.

DESDE MI CORAZÓN,

TE ABRAZO EN LA MÁS PURA LUZ…

¡NAMASTE!